Gedanken werden geboren

BoD™
BOOKS on DEMAND

Die Autorin

Unter dem Pseudonym Elfride Stehle schreibt und veröffentlicht Frieda E. Heidi Stolle seit 2012 Gedichte und Kurzgeschichten in verschiedenen Anthologien. Die in Cottbus geborene Autorin lebt seit 1974 mit ihrer Familie in der Oberlausitz.

Ihre Bücher »Lust auf Blütenduft und mee(h)r …« und »Wenn Worte anklopfen …« erschienen im Karina Verlag, Vienna. Dort wirkte die Autorin auch an vielen Anthologien mit, u.a. an der Reihe »Jedes Wort ein Atemzug«. Der Erlös dieser Bücher geht zu 100 Prozent an die Gewaltopferhilfe in Österreich.

Im Dezember 2018 veröffentlichte sie ihr viertes Buch »Der Mond knipst die Sterne an«, erstmalig im Selfpublishing.

Besuchen Sie sie doch einmal auf ihrer Homepage:

http://elfride-stehle-schreibt.jimdo.com

Elfride Stehle

Gedanken werden geboren

... und Geschichten lebendig

Satz und Layout: Elfride Stehle
Fotos: privat
Bilder: Pixabay, lizensfrei
Coverbildquelle: Pixabay, lizensfrei
Covergestaltung: easyCover BoD

Herstellung und Verlag: BoD – Books on Demand, Norderstedt.
ISBN: 9783750496576

*»Erlebtes, Fiktives und nebenbei Aufgeschnapptes
in eigene Worte gefasst – lassen Geschichten wahr werden.*

Elfride Stehle«

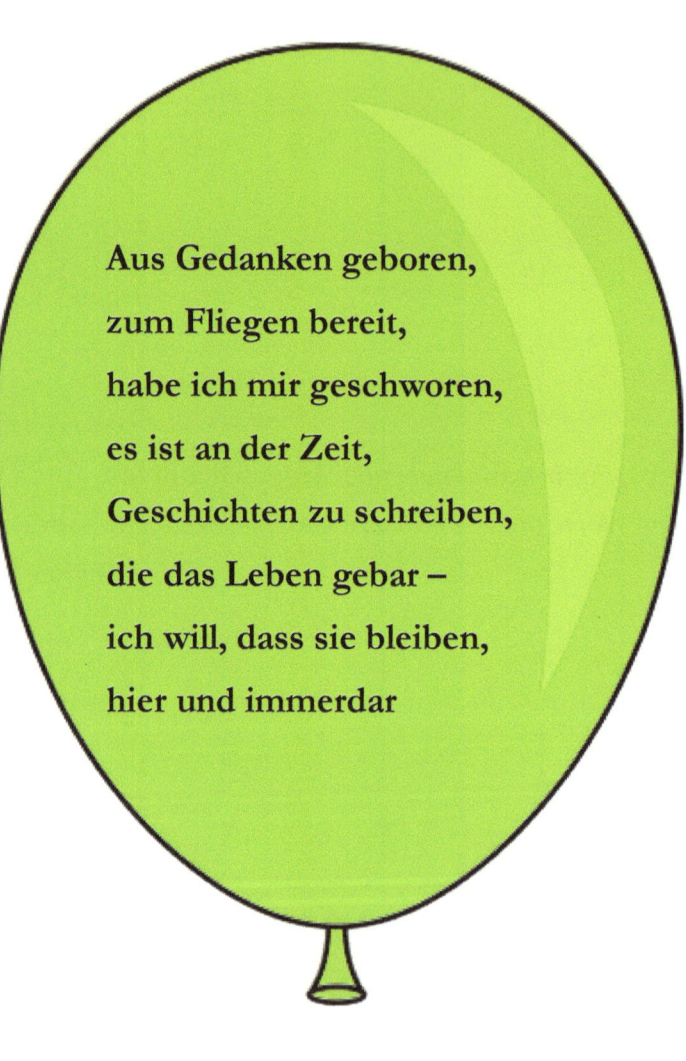

Aus Gedanken geboren,

zum Fliegen bereit,

habe ich mir geschworen,

es ist an der Zeit,

Geschichten zu schreiben,

die das Leben gebar –

ich will, dass sie bleiben,

hier und immerdar

Ein paar Worte am Anfang

Wir kennen verschiedene Möglichkeiten, etwas für die Ewigkeit festzuhalten. Für einen Maler sind es seine Bilder, mit denen er manchmal erst nach seinem Tod berühmt wird. Ein Bildhauer formt mit den Händen wunderschöne Plastiken und ein Fotograf liegt stundenlang auf der Lauer, um das schönste und beste Foto zu schießen. Autoren aber schreiben einfach ihre Gedanken auf, um sie dann zwischen zwei Buchdeckeln der Nachwelt zu hinterlassen.

Für mein siebtes Buch, welches Sie nun in den Händen halten, liebe Leserin und lieber Leser, suchte ich aus meinen bereits veröffentlichten Werken einige Beiträge heraus, die mir besonders am Herzen liegen. Aber auch viele neue Texte gibt es zu entdecken. Und neben einigen Leseproben am Schluss des Buches finden Sie auch Zitate von mir. Freuen Sie sich jetzt auf ein Buch voller Abwechslung.

Gern nehme ich Sie mit auf meine literarische Gedankenreise und wünsche Ihnen gute Unterhaltung dabei.

Ihre Elfride Stehle

Urlaub am Strand

Sommer, Sonne Meeressand –
und der Urlaub ist so nah.
Mich zieht es nicht nach Helgoland
und auch nicht nach Amerika.

Mich zieht es mehr zur Ostsee hin,
ich lieb den weichen Sand.
Es senkt sich dort mein Adrenalin,
und Langeweile ist mir unbekannt.

Herrlich ist die Fahrt mit einem Boot
oder das Betrachten dann am Strand
von einem wunderschönen Abendrot –
das Ende eines Tages an der Waterkant.

Windelhose im Wind

Wir schrieben das Jahr 1976, und es war Sommer. Unser Sohn, gerademal anderthalb Jahre alt, fuhr das erste Mal mit uns in den Urlaub. Zwei Wochen Ostseebadestrand erwarteten uns. Da wir noch kein Auto hatten; dank der ellenlangen Wartezeiten in der damaligen DDR; blieb uns nur die Bahn.

Marco war noch im Windelalter. Spätestens nach dem Mittagessen brauchte er saubere Windeln. Oh, sein ›Geschäft‹ fiel etwas dünn aus, und die Windelhose hatte was abbekommen. Also musste auch die gewechselt werden. Leider fand ich in der Tasche keine, so sehr ich auch danach suchte. Na toll, dachte ich, die kann nur mit den anderen Sachen im Koffer sein. Was nun? Mir blieb nichts weiter übrig, als die Windelhose im Waschbecken der Zugtoilette kurz auszuwaschen. Aber wie trocknen? Mein Mann wusste Rat. Schließlich hatten wir Sommer, und es war ein besonders heißer Tag. Also hielt er kurzerhand die feuchte Hose zum Toilettenfenster raus und ließ sie vom Fahrtwind trocknen. Währenddessen passierte der Zug den Bahnhof Berlin-Schöneweide.

Wie mir mein Mann anschließend, leicht amüsiert, berichtete, hatten die dort wartenden Leute total entgeistert auf die flatternde Windelhose gestarrt. Die aber war inzwischen trocken, und Marco fühlte sich, so sauber gewindelt, wieder wohl. Nun konnte er seinen Mittagsschlaf halten. Wenn wir heute diese Geschichte erzählen, winkt unser Sohn verlegen ab. Davon will er nichts mehr hören.

Doch ich muss noch immer darüber schmunzeln …

Ein Blick übern Gartenzaun

Geschichten liegen ja quasi auf der Straße, so heißt es jedenfalls. Was meiner, seit Jahren verwitweten Nachbarin, der mein Mann erst unlängst den Gartenzaun gestrichen hat, geschah, möchte ich euch hier erzählen. So passierte eben dieser Nachbarin – nennen wir sie Bertha – folgendes Malheur:

Es war an einem herrlichen Sommermorgen. Bertha war gerade auf dem Weg zum Stadtbus, um von Oberkaina nach Bautzen zu fahren. Nach wenigen Schritten bemerkte sie, dass sie etwas vergessen hatte. Also legte sie ihre Handtasche, nur ganz kurz, auf ihre Mülltonne gleich neben ihrer Garage und ging, mit dem Schlüssel in der Hand, noch mal in ihr Haus.

Als sie nach nur drei Minuten zurückkam, glaubte sie, ihren Augen nicht zu trauen. Die Tasche lag nicht mehr dort, wo sie sie abgelegt hatte. Verwundert sah sich meine Nachbarin um. Doch die Tasche war und blieb verschwunden. Bertha erfuhr erst später, dass während ihrer kurzen Abwesenheit das Auto gekommen sein musste, welches die Altkleider am Straßenrand einsammelte. Dabei betrachteten sie wohl die Handtasche auch als Sammelobjekt? Immerhin lag sie auf der Mülltonne.

Für meine Nachbarin war das alles andere als lustig und verstehen konnte sie es gleich gar nicht. Sie hatte nun nicht nur das Problem des Taschenverlustes, nein, sie durfte jetzt sämtliche Papiere bei der Polizei neu beantragen. Das erzählte sie uns nämlich, leicht geknickt, am Tag danach.

»Ein teurer Spaß«, meinte sie mit schiefem Lächeln und ging mit ihrer neuen Tasche in der Hand die Straße entlang …

Als wäre er aus Gold

Golden und heiß strahlt die Sonne vom Himmel an diesem einen Septembertag des Jahres 2016. Ich genieße die Wärme unter dem schattenspendenden Sonnenschirm auf meiner Terrasse. Amüsiert beobachte ich ein Amselmännchen, wie es auf dem Rasen meines Gartens herum hüpft und nach Würmern pickt.

Plötzlich fliegt es zum Kirschbaum, der schon lange keine Kirschen mehr hat. Er warf in diesem Jahr keine große Ernte ab. Die paar Früchte, die für mich gut erreichbar waren, aß ich gleich vom Baum. Die an den oberen Zweigen hingen, überließ ich den Vögeln. Ich schmunzle bei dem Gedanken. Ein kleines Dankeschön verdienen meine gefiederten Freunde schließlich für ihren schönen Gesang den ganzen Sommer über. Mein Blick löst sich vom Baum und wandert weiter durch den Garten. Nebenbei dringt leise Musik aus dem Wohnzimmer durch die leicht angelehnte Terrassentür an mein Ohr. Mit den Füßen wippe ich den Takt dazu. Mein wandernder Blick verharrt. Er bleibt an einem orange-leuchtenden Gebilde hängen.

Ein Kürbis – sind die Kürbisse etwa schon reif, frage ich mich und erhebe mich vom Gartenstuhl. Ich staune nicht schlecht und beginne zu zählen – 1, 2, 3 … 12, 13 … »Eckhard, komm doch bitte mal«, rufe ich ganz aufgeregt. Er ist auch sofort zur Stelle und genauso baff wie ich. Auch er beginnt zu zählen, und weil er es einfach nicht glauben kann, zählt er immer wieder nach. »So viele«, murmelt er kopfschüttelnd vor sich hin.

Gezogen aus getrockneten Kürbiskernen eines Hokkaidos, erinnere ich mich. Zuerst waren es nur kleine Pflänzchen in den Joghurtbechern, die ich extra dafür sammeln musste. Als die Setzlinge groß genug waren, pflanzte sie mein Mann in die Erde. Er hegte und pflegte sie. Ich brauchte mich darum nicht zu kümmern. Über die Ernte freue ich mich natürlich auch sehr. Voller Stolz betrachtet mein Mann die sechzehn großen und kleinen Kürbisse auf unserem Gartentisch. Es bietet sich uns ein wunderbares Bild. Sogleich schwirren mir tausend Ideen durch den Kopf, was man alles mit der goldenen Frucht anstellen könnte. Nicht nur Kürbissuppe, nein, viel mehr lässt sich daraus zaubern. Trotzdem kann ich nicht alle Kürbisse verarbeiten, geht es mir durch den Sinn. Während ich noch am Grübeln bin, suche ich bereits die schönsten Exemplare aus. Eckhard beobachtet mich neugierig dabei, ist dann aber mit meinem Vorschlag sehr zufrieden.

So erhalten zwei unserer Nachbarn jeder einen Kürbis. Einen weiteren bekommt unsere Tochter.

»Aber für den hier«, und ich halte den vierten Hokkaido hoch, »habe ich eine ganz besondere Verwendung.« Eckhard sieht mich fragend und gleichzeitig skeptisch an, denn er kennt mich und meine Ideen nur zu gut. Ich räuspere mich kurz, bevor ich weiterspreche. »Karina, meine Verlegerin und inzwischen auch sehr gute Freundin, wie du sicher weißt, hat doch bald Geburtstag.«

»Ja und«, fragt mein Mann, »du willst ihr doch nicht etwa einen Kürbis schenken?«

Ich grinse breit und sage augenzwinkernd: »Es ist ja nicht nur ein Kürbis. Immerhin konnte er ohne jegliche Chemie heranwachsen. Und zwar in unserem Garten. Also, ein sehr persönliches Geschenk.«

»Ja, schon«, antwortet mein Mann. Er scheint noch immer an mir zu zweifeln …

»Und sieh ihn dir genau an, diesen einen Kürbis, der für Karina bestimmt ist«, fahre ich mit meiner Begründung fort. »Er sieht nicht ›nur‹ orangefarben aus, wie die anderen fünfzehn.«

Eckhard schaut von mir zum Kürbis und vom Kürbis wieder zu mir. Dann antwortet er: »Du hast recht. Er hat einen gewissen Glanz – als wäre er aus Gold!«

Rezept für eine Kürbissuppe

Zutaten:

800 g Kürbisfleisch
2 Knoblauchzehen
1 Zwiebel
2 EL Öl
0,8 l Gemüsebrühe
1 TL Curry
1 Stück frischer Ingwer

Zubereitung:

Kürbis schälen (Hokkaido mit Schale), entkernen und in Stücke schneiden, Knoblauchzehen pressen, Zwiebel schneiden.
Alles zusammen in dem Öl andünsten und mit der Brühe ablöschen.
Mit einem Stabmixer pürieren und mit Curry und Ingwer würzen.
Heiß servieren!

Tipp:

In einem großen Kürbis mit gerösteten Kürbiskernen und Sahne anrichten.
Ich garniere die Suppe gern noch mit etwas Kürbiskernöl.

Guten Appetit!

Auf gute Nachbarschaft

»Es hat geklingelt!«

»Ich gehe schon«, rief ich meinem Mann zu, der das Abendessen vorbereitete, und war auch schon an der Tür.

»Ach du bist es, komm rein«, und ich machte hinter meiner Nachbarin die Haustür wieder ran. Sie folgte mir und wir setzten uns gleich an den runden Tisch in unserem kleinen Esszimmer.

Mein Mann schaute kurz um die Ecke, sagte »Hallo« und verschwand sofort wieder in seiner Küche.

»Geht es um Sabines Geburtstag«, fragte ich.

»Ja«, antwortete Ria, »und ich trommle gerade die Nachbarn zusammen, damit wir uns heute Abend bei mir zur Besprechung treffen können. Denn noch haben wir kein geeignetes Geschenk für Sabine.«

Pünktlich um 19 Uhr saßen wir bei Ria und Günter im Wohnzimmer. Wir, das waren: Christine und Christian, Ute, mein Holder und ich. Utes Mann stieß später dazu, weil er ziemlich lange Dienst im Krankenhaus hatte, in seiner Funktion als Chirurg.

»Du könntest wieder ein Gedicht schreiben«, meinte Ria auf einmal zu mir. Ich schluckte, denn das hatte ich befürchtet. Verfasse ich doch seit Langem Gedichte zu allen runden Geburtstagen unserer Nachbarn. Ria ließ mir keine Zeit zum Nachdenken, denn gleich darauf meinte sie: »Wir könnten uns ja fünf Worte überlegen – vielleicht hilft das ja«, und schon legte sie ein weißes Blatt Papier auf den Tisch.

»Keine schlechte Idee«, antwortete ich. Zur Bekräftigung meiner Worte erhob ich das Weinglas, und wir prosteten uns lachend zu.

Es dauerte auch gar nicht lange, da nannte Ute das erste Wort, welches Ria sofort notierte. Als sie mir schließlich den Zettel übergab, las ich folgende Worte:

60. Geburtstag – Nachbarn – wandern – Tirol – singen

Ich nickte zufrieden. Nun konnte ich es mir gut vorstellen, daraus ein passendes Geburtstagsgedicht zu zaubern. Nach langem Hin und Her, nach langem Für und Wider hatten wir auch das geeignete Geschenk, nämlich einen Gutschein für eine Wanderung in Tirol. Ungefähr zwei Stunden saßen wir dann noch gemütlich beisammen. Gegen 21 Uhr brachen wir schließlich auf.

Als wir uns trennten, meinte ich noch: »Na dann auf weitere gute Nachbarschaft!«

»Ja, auf gute Nachbarschaft!«, riefen nun auch die anderen, bevor sie in ihren Häusern verschwanden.

Die magische Sechzig

Nun hat die magische Zahl auch Dich erreicht,
liebe Sabine – Dein *60. Geburtstag* ist nun da.
Leider fiel das Reimen mir bei Dir nicht leicht,
doch plötzlich kam mir 'ne Idee – Tadaaa!

Fünf Worte mussten her,
die nannte man mir ohne Zaudern.
Jetzt fiel's mir nicht mehr schwer,
dieses Gedicht für Dich zu zaubern.

Auch über ein Geschenk haben wir beraten,
wir *Nachbarn* überlegten her und hin.
Bis wir endlich dann die Lösung hatten …
… nur *wandern* in *Tirol*, das machte Sinn.

Und heute steh'n wir nun gemeinsam hier:
zum Gratulieren, *Singen* und zum Feiern.
Vielleicht hast Du das eine oder andre Bier –
doch sächsisches, wir sind ja nicht in Bayern.

15

Hoffnungsschimmer

Die junge Mutter umschlingt mit beiden Armen das Kind auf ihrem Schoß. Zärtlich wiegt sie ihre fünfjährige Tochter hin und her, während sie den Arzt, der ihr am wuchtigen Schreibtisch gegenübersitzt, mit tonloser Stimme fragt:»Und warum ausgerechnet meine Tochter, warum ausgerechnet Melanie?« Sie gibt Melanie einen flüchtigen Kuss auf die Wange, bevor sie weiterspricht:»Kann der verflixte Krebs sich nicht jemand anderen aussuchen?«

Doktor Maik Helfer zuckt kaum merklich die Schulter. Was soll er einer Mutter antworten, die soeben die schreckliche Diagnose Leukämie für ihr einziges Kind erhalten hat? Er verschränkt die Arme vor seiner Brust und sagt, als wolle er sich rechtfertigen:»Ich weiß es nicht, Frau Siebert, ich … es tut mir leid …«, er bricht ab, erhebt sich langsam, wobei er sich mit beiden Händen an der Tischkante abstützt, als hätte er Angst zu fallen, und dreht sich mit dem Gesicht zur Wand. Ungeschickt fingert er ein Taschentuch aus seiner Kitteltasche. Er wischt sich damit über die Stirn. Schließlich wendet er sich wieder Mutter und Kind zu, kommt hinter dem Schreibtisch hervor und bleibt vor Simone Siebert stehen. Die junge Frau schaut mit leerem Blick zu dem kräftigen fast zwei Meter großen Mann auf. Der Arzt erschrickt. Er erkennt in ihren Augen die pure Verzweiflung einer Mutter. Gibt es denn gar nichts, was ich tun kann, überlegt er still. Plötzlich lächelt der Doktor. Er hockt sich nieder und spricht mit leiser ruhiger Stimme zu dem Kind:»Ich werde versuchen, dir zu helfen, Melanie.« Er streicht dem Mädchen übers Haar, nimmt für einen kurzen Moment die kleine Kinderhand in seine große und steht wieder auf. Kurzentschlossen geht er zur Tür, öffnet diese und wendet sich Frau Siebert zu:»Ich muss leider zu einer wichtigen Konferenz«, und wie um Verzeihung bittend, fährt er fort,»ich glaube jedoch eine Idee zu haben, wie wir Ihrer Tochter helfen können. Sobald ich genaueres weiß, bekommen Sie von mir Bescheid.« Ein kurzes Aufleuchten im Antlitz der jungen Mutter. Doch sofort werden ihre Augen trübe, als sie in Melanies farbloses, zartes Gesicht schaut. Sie nimmt das Kind behutsam von ihrem Schoß herunter und geht mit ihm in Richtung Tür. Bevor sie aber beide das Büro verlassen, reicht sie dem Arzt die Hand und bedankt sich.

Kaum draußen blickt Melanie zu ihrer Mutter hoch. Sie öffnet ihre Hand und flüstert: »Schau mal Mama, was mir der nette Doktor geschenkt hat.« Sofort umschließen ihre kleinen Finger den winzigen Hühnergott, als könnte man ihn ihr wegnehmen.

Simone Siebert dreht sich noch einmal um. Da steht er, der ›Gott in Weiß‹, inmitten der Tür und sieht ihnen lächelnd nach. Erst jetzt fallen ihr seine Augen auf. Es sind die ehrlichsten Augen, die ich je sah, denkt die junge Frau. Und mit einem Mal spürt sie wieder so etwas wie Hoffnung.

Hoffnung

Sobald ich schau in deine Augen,

weicht jede Traurigkeit von mir.

Aus Angst wird Hoffnung,

kaum zu glauben,

doch mit Geduld gelingt es mir.

Der graue Läufer

Martha, gerade erst Neunzig geworden, steht mitten im Flur ihres kleinen Häuschens und sieht sich ratlos um. Der graue Läufer, der fast so alt ist wie sie, hat durch die vielen Gratulanten, die sich vor zwei Tagen die Klinke in die Hand gaben, tüchtig gelitten.

»Ich muss mir einen neuen kaufen«, murmelt sie vor sich hin und rollt gleich darauf den alten Läufer zusammen. Achtlos schiebt sie ihn an die Wand, denn entsorgen kann sie ihn auch später. Schnell zählt Martha noch ihr Geld im Portemonnaie zusammen, welches sie dann entschlossen in ihre neue Handtasche steckt. Übrigens ein Geburtstagsgeschenk von ihrer besten Freundin. Käthe ist jünger als sie, zwar nur ein Jahr, aber 89 klingt besser als 90, denkt Martha schmunzelnd. Sie überlegt, ob sie eine Jacke braucht, doch als sie die Haustür öffnet, kommt ihr warme Sommerluft entgegen.

Vergnügt läuft Martha los, hält kurz ihr, fast faltenloses, Gesicht in die Sonne und biegt drei Straßen weiter um die Ecke. Dort gibt es seit ihrer Kindheit einen Teppichhändler. Als Martha den Laden betritt, sieht sie weder Kunden, noch den Besitzer Otto Templin, der schon in dritter Generation dieses Geschäft innehat. *Wann war ich zuletzt hier?* Gedankenverloren betrachtet die alte Frau die vielen bunten Teppiche ringsum. Einer schöner als der andere.

Plötzlich sagt jemand hinter ihr: »Haben Sie einen Wunsch, meine Dame?«

Erschrocken dreht sich Martha um und starrt in das freundliche Gesicht eines jungen Mannes, den sie noch nie hier gesehen hat. Wo ist Otto, denkt sie verwundert, aber der Verkäufer sieht sie noch immer fragend an.

Nun muss ich erwähnen, dass Martha mit ihren neunzig Jahren körperlich noch sehr agil ist, aber doch schon etwas vergesslich. Ihr fällt partout nicht ein, was sie kaufen wollte.

Wie hieß das bloß? Martha grübelt, doch es will ihr nicht einfallen. Nur eins weiß sie, dass sie etwas wollte, worauf man gehen kann.

Deshalb sagt sie, als sie endlich ihre Sprache wiedergefunden hat:

»Ich hätte gern einen Draufgänger!«

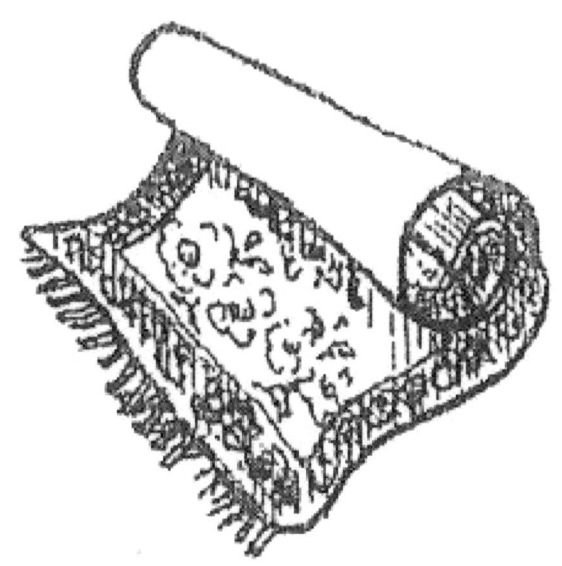

Himmlische Verwandlung

3. November – Jasmin Mauer sitzt gedankenverloren in der gemütlichen Gaststätte am Altmarkt in Cottbus. Das ›Kellert‹ ist sehr beliebt, denn hier stimmt einfach alles – von der Bedienung über das Ambiente bis zum Preis-Leistungs-Verhältnis. Starker Regen prasselt an die Scheiben und lässt Jasmin zum Fenster blicken. Nun regnet es schon den dritten Tag, stellt sie seufzend fest, und es scheint kein Ende in Sicht. »Mistwetter«, murmelt sie vor sich hin.

An jedem ersten Sonntag im Monat treffen sich Jasmin und Christine Kellert zum Mittagessen. Das ist seit Jahren nun schon Tradition. Heute ist es wieder mal soweit. Die beiden Freundinnen hatten auch diesmal das Glück, den einzigen Zweiertisch für ihr Monatstreffen reservieren zu können. Trotz des schlechten Wetters ist die Gaststätte, wie immer, gerappelt voll. Hin und wieder ist Geschirrklappern aus der Küche zu hören, doch das wird vom Stimmengewirr der Gäste übertönt. Jasmin nimmt die Geräusche um sich herum überhaupt nicht mehr wahr. Sie riskiert einen Blick auf ihre Armbanduhr, um ihn dann erwartungsvoll in Richtung Tür schweifen zu lassen. Jeden Moment könnte Tine hereinkommen. Jasmin winkt dem Kellner, ohne dabei die Tür aus den Augen zu lassen.

Kurt Bär, ein schlanker und kurz vor der Rente stehender, gepflegter Mann, bringt ihr lächelnd die Speisekarte: »Na, Jasmin, ein Wasser zuerst, wie immer?«

Doch die junge Frau antwortet nicht. Sie schaut ihn nicht einmal an, sondern mit teilnahmslosem Blick an ihm vorbei. Der Kellner zuckt mit den Achseln und wendet sich dann einem anderen Gast zu.

Heute will Jasmin sich endlich ihrer Freundin anvertrauen. Tine ist die einzige, mit der sie darüber reden kann. Da wird sie mit dem plötzlichen Öffnen der Glastür aus ihren Gedanken gerissen. Eine junge Frau mit strohblonden schulterlangen Haaren kommt hereingestürmt.

Hektisch sieht sie sich um, versucht ihren Regenschirm in den ohnehin schon überfüllten Ständer zu stopfen, doch ohne Erfolg. Deshalb lässt Tine ihn aufgespannt im hinteren Teil der Gaststätte verschwinden. Sie kennt sich hier aus, denn Christian Kellert ist nicht nur der Besitzer dieses Restaurants, er ist auch ihr Bruder. Noch in voller Montur umarmt Tine ihre beste Freundin und gibt ihr einen flüchtigen Kuss auf die Wange. Dann wirft sie ihren Mantel über die Stuhllehne und lässt sich auf das rote Lederpolster fallen. Auf die Speisekarte zeigend fragt sie: »Hast du schon gewählt? Also ich esse wie immer Nudeln mit Tomatensauce, und du sicher Bratklopse mit Buttermöhren und…« Tine unterbricht ihr Geplapper. Sie sieht Jasmin erschrocken an. »Liebes, was ist los, warum weinst du denn, Herr Gott« – sie schaut sich hilflos um, und winkt kurzerhand den Kellner zu sich. »Hallo Kurt – ich grüße dich – bringst du uns bitte zwei Wasser?« Als der Kellner das Wasser bringt, fragt ihn Tine: »Sag mal, wo ist denn Christian? Ich habe ihn noch gar nicht gesehen?«

»Der Chef ist in Berlin mit seiner Freundin Bri…«

Tine lässt ihn gar nicht zu Ende sprechen. Krebsrot im Gesicht werdend ruft sie ärgerlich: »Brigitte? Diese Hexe …«, doch gleich darauf flüstert sie: »was will diese Hexe von ihm? Ich dachte, er hätte sich von ihr getrennt?« Ängstlich sieht sie sich um. Doch keiner der Gäste scheint ihren Wutausbruch mitbekommen zu haben.

»Dazu kann ich nichts sagen«, meint Kurt Bär. Er räuspert sich verlegen und fügt hinzu: »Ich weiß nur, dass sie in Berlin sind – wegen der Gastronomiemesse.« Für ihn ist das Gespräch damit beendet, und er wendet sich rasch einem Gast am Nebentisch zu.

Tine schaut dem Kellner reglos hinterher. Dann sagt sie, mehr zu sich selbst: »Na klar, die Messe. Die hab ich ganz und gar vergessen.« Während sie mit einer Hand Christians Nummer ins Telefon tippt, greift sie mit der anderen nach ihrem Glas. In dem Moment schluchzt Jasmin herzzerreißend auf. Tine lässt das Handy los und verschluckt sich fast an dem Wasser. Gleichzeitig blickt sie entgeistert ihre Freundin an. Aber die winkt nur ab und meint, dass alles in Ordnung sei. Tine wählt erneut die Nummer ihres Bruders. Dann schüttelt sie den Kopf, trinkt einen weiteren Schluck und murmelt leise: »Ausgeschalten, Mist!« Ihre Augen werden zu schmalen Schlitzen. Ärgerlich wirft sie ihr Handy auf den Tisch, dass es scheppert.

Kurt, der die beiden Frauen nun schon viele Jahre kennt, bringt für jede die Lieblingsspeise. Inzwischen ist es auch schon vierzehn Uhr. Die Freundinnen essen schweigend, was sonst nicht ihre Art ist. Zumindest Tines Mund steht nie still. Deshalb schaut diese jetzt auch ihre Freundin verstohlen von der Seite an. Als Dessert gönnt sich Jasmin sonst immer einen großen Eisbecher mit viel Schlagsahne. Heute scheint sie darauf keinen Appetit zu haben. Sogar vom Mittagessen hat sie was übriggelassen – dabei liebt sie Buttermöhren. Nur einen Espresso hat sie bestellt.

Tine verzichtet nicht auf ihre zwei Kugeln Vanilleeis, allerdings ohne Sahne, denn eine schlanke Linie ist ihr wichtig. Dafür geht sie jeden Freitagabend ins Fitness-Studio, welches ihr Freund, Peter Sprenger, schon zwei Jahre betreibt. So lange kennen sie sich auch schon. Von allen Seiten wird Tine gefragt, wann denn die Hochzeitsglocken läuten würden. Aber sie wartet bis jetzt vergebens auf den ersehnten Heiratsantrag von Peter … Total verträumt blickt sie zu Jasmin, die immer noch an dem Espresso nippt, der sicher inzwischen kalt geworden ist. Tine dagegen ist mit ihrem Dessert gerade fertig. Sie wischt sich mit der Serviette den Mund ab und sieht ihre Freundin forschend an.

»Jasmin, was ist los mit dir? Du ziehst ein Gesicht wie sieben Tage Regenwetter – dabei regnet es erst seit drei Tagen, hm, nun sag schon«, bettelt Tine und fragt weiter: »Appetit scheinst du auch keinen zu haben, oder hat es was mit Christian zu tun? Ich weiß doch, dass du ihn magst.« Jasmin verzieht den Mund, doch plötzlich bricht es aus ihr heraus: »Ja, ich mag deinen Bruder, eigentlich schon immer, aber verliebt habe ich mich erst, als ich ihn mit Brigitte das erste Mal sah. Als er sich dann von ihr trennte, hatte ich die stille Hoffnung, er hätte es meinetwegen getan, weil er mich vielleicht auch mag. Nur – sieh mich doch an, ich bin hässlich, einfach nur hässlich – halt ein richtiges Mauerblümchen.« So, nun war es heraus, was Jasmin schon so lange auf der Seele lag.

Tine schaut entsetzt, doch plötzlich wird ihr Blick spitzbübisch. »Sage mal – du hast doch nächste Woche Geburtstag, Jasmin – und ich habe schließlich nicht umsonst einen eigenen Friseur– und Kosmetiksalon.«

»Ja, und …?«

»Ach Süße, lass dich doch einfach überraschen.«

Dann blickt Tine auf die Uhr: »Oh, schon Viertel Vier«, und sie zückt ihr Portemonnaie. Sofort eilt der Kurt herbei. Er bringt zusammen mit der Rechnung für jede noch eine Tasse Kaffee. Das ist schon Tradition. Auch, dass die Freundinnen sich jeden Monat mit dem Bezahlen abwechseln. Kaum hat Tine die Rechnung beglichen, wird der Kellner zum Telefon gerufen. Er nickt der Schwester seines Chefs noch freundlich zu, geht zum Tresen und nimmt seiner Kollegin den Hörer ab, um dann eine Bestellung entgegen zu nehmen … »Eine Hochzeit, hier bei uns im Haus?«, fragt Kurt Bär ungläubig. Alle Farbe weicht aus seinem Gesicht und er legt mit zittrigen Händen den Hörer auf.

Die Freundinnen bekommen von alldem nichts mit. Im Stehen trinken sie noch ihren Kaffee aus, denn neue Gäste warten bereits darauf, ihre Plätze einnehmen zu können.

Die beiden Frauen verlassen das Lokal und sind froh, endlich dem Krach entronnen zu sein. Tine hakt sich bei Jasmin unter. Ihren Schirm vergisst sie. Es hat auch aufgehört zu regnen. Die beiden Frauen bemerken es gar nicht. Auch nicht, dass es kälter geworden ist. Tine ist in Gedanken schon mit Jasmins Geburtstagsüberraschung beschäftigt, und Jasmin wohnt nur zehn Schritte von der Gaststätte entfernt. Tine begleitet die Freundin noch bis nach Hause. Dort umarmen sich die beiden Frauen, und Jasmin schaut der davoneilenden Tine nach. Wie immer, hat diese auch heute ihr Auto an der Oberkirche geparkt.

Eine Woche später – Das Telefon klingelt … Jasmin reibt sich die Augen und schaut auf die Wanduhr. Erst sechs. Sie dreht sich auf die andere Seite. Es klingelt. Wer zum Teufel ruft zu dieser nachtschlafenden Zeit an, dazu noch sonntags?! Sie zieht sich die Bettdecke über den Kopf, aber das Telefon klingelt unbeirrt weiter. Genervt springt Jasmin aus dem Bett und rennt barfuß in die Küche. Sie nimmt den Hörer ab und sagt etwas ungehalten: »Wenn Sie nicht einen triftigen Grund haben, mich mitten in der Nacht aus dem Schlaf zu holen, verklage ich Sie!« Dann horcht sie ins Telefon und vernimmt Tines aufgeregte Stimme: »Hi Süße, erst einmal herzlichen Glückwunsch zu deinem Vierteljahrhundert. Ich bin in zehn Minuten bei dir. Du musst nichts weiter tun, als einen Kaffee kochen – also bis gleich.« Schon hat sie aufgelegt. Jasmin lässt sich auf ihre Küchenbank plumpsen – Hilfe mein Geburtstag! Sofort springt sie wieder hoch. Jetzt heißt es, die Kaffeemaschine anschmeißen und schnell duschen. Sie ist gerade dabei, sich abzutrocknen, da klingelt es auch schon wieder, aber diesmal an der Wohnungstür. Jasmin wirft sich den Morgenmantel über und öffnet.

Tine, in einer Hand eine Bäckertüte und in der anderen eine Reisetasche, stürmt an Jasmin vorbei und setzt sich rittlings auf einen Küchenstuhl. »Liebes Geburtstagskind, ich habe ein Attentat auf dich vor.« Und kopfschüttelnd fügt sie hinzu: »Heute kannst du mir nicht mehr ausweichen!« Jasmin hat der Freundin gegenüber Platz genommen und sieht diese schweigend, aber neugierig an.

Tine holt tief Luft, fährt mit den Fingern durch ihr Haar und sagt: »Zuerst bekommst du ein zauberhaftes Makeup … dann verpasse ich dir einen flotten Haarschnitt … und last but not least habe ich noch ein schickes Kleid für dich.«

Tine blickt Jasmin flüchtig von der Seite an und redet schnell weiter: »Keine Widerrede, meine Liebe, drei Geschenke sind nicht zu viel!«

Jasmin nickt mit ernster Miene, um im nächsten Augenblick übers ganze Gesicht zu strahlen. Sie gibt Tine einen Kuss auf die Wange und holt zwei Tassen aus dem Schrank. Nebenbei fragt sie: »Was macht eigentlich Peter? Du erzählst gar nichts von ihm.« Tine antwortet nur knapp: »Ihm geht's gut, aber jetzt lass uns essen. Wir haben noch was vor – du weißt.«

Gleich nach dem Frühstück will Tine ihre beste Freundin von einem Mauerblümchen in eine Blume verwandeln …

Zur gleichen Zeit in Berlin – Chris beendet das Telefonat mit Kurt und steckt wütend sein Handy in die Jackettasche. Dann sieht er die Frau auf dem schwarzen Ledersofa grimmig an: »Sage mal Brigitte, spinnst du jetzt total! Du kannst doch nicht in meinem Restaurant eine Bestellung für unsere Hochzeitsfeier aufgeben! Wie kommst du überhaupt darauf, dass wir Beide heiraten? Mein Kellner informierte mich gerade über deinen Anruf vor einer Woche …« Ohne eine Antwort abzuwarten, macht Christian auf dem Absatz kehrt und lässt seine Ex in der Empfangshalle des Berliner Hotels sitzen.

Brigitte schluckt, sie ist ganz blass geworden. Dabei hatte sie so sehr gehofft, Chris zurückzugewinnen. Zwei Jahre waren sie ein Paar, bis er plötzlich meinte, sie nicht mehr zu lieben. Aber das konnte, das durfte einfach nicht sein – denn keiner von ihren Verwandten oder Bekannten wusste bis heute von der Trennung. Sie ist ja auch erst einen Monat her. Wie in Trance erhebt sich die junge Frau und geht langsam durch die menschenleere Halle in Richtung Fahrstuhl. Sie hat gerade den zehnten Stock erreicht, da begegnet ihr Christian mit seinem Gepäck. Wortlos geht er an ihr vorbei, betritt den noch offenen Fahrstuhl und fährt hinunter. An der Rezeption begleicht er nur seine Rechnung. Auch wenn sie gemeinsam die Messe besucht hatten, waren sie doch getrennt angereist.

Brigitte aber stürzt in ihr Zimmer und wirft sich auf das Hotelbett, um dann bittere Tränen der Enttäuschung zu vergießen. Bis dato hatte sich noch nie ein Mann von ihr getrennt. Immer war es umgekehrt.

Chris aber rast mit 180 Sachen über die Autobahn. Er will ganz schnell zu Tine. Seine große Schwester, sie ist zwar nur fünf Minuten älter als er, versteht ihn am besten. Stets konnte er mit jedem Problem zu ihr gehen. Sie wusste und weiß immer Rat. »Autsch, gleich hätte ich die Ausfahrt verpasst – noch drei Minuten, dann bin ich da.« Christians Laune bessert sich. Er fährt auf den Hof, springt aus seinem Opel und klingelt an der Haustür. Wo ist sie, denkt Chris. Da fällt ihm ein, dass er doch einen Ersatzschlüssel hat, wie Tine auch für seine Wohnung. Er öffnet die Tür und ruft nach seiner Schwester. Keine Antwort. Er will gerade wieder gehen, da sieht er auf der Flurgarderobe einen Zettel liegen. Er liest Tines Zeilen, und es fällt ihm wie Schuppen von den Augen … Mensch Jasmin, sie hat doch heute Geburtstag. Er dreht sich um, schließt ab und verlässt eilig das Grundstück. Inzwischen zeigt die Uhr die zehnte Stunde an.

Verwandlung ins Glück – »Geschafft!«, ruft Tine und klatscht vor Begeisterung in die Hände. So war ihr noch nie eine Verwandlung geglückt, bei keiner ihrer Kundinnen. Aber Jasmin ist ja auch nicht irgendeine Kundin. Jasmin ist ihre allerbeste Freundin. Und befreundet sind sie, seit sie denken kann. In der Kindheit waren sie immer zu dritt unterwegs – Chris, Tine und Jasmin. Und was haben sie nicht alles angestellt …

Mitten in Tines Gedanken ertönt die Wohnungsklingel. Da springt Jasmin auch schon auf und rennt zur Tür. Sie öffnet, stutzt und ohne ein Wort macht sie kehrt. Nur das Klappen der Schlafstubentür ist noch zu hören.

Christian kommt langsam herein und fragt vorsichtig: »Wer war das?« Tine steht noch völlig verdattert im Raum. Dann besinnt sie sich, sieht ihren Bruder an und fragt: »Hast du sie wirklich nicht erkannt?« Dann läuft sie ins Schlafzimmer. Von dort kommt sie lachend mit Jasmin an der Hand in die Küche zurück und meint, an ihren Zwillingsbruder gewandt: »Darf ich dir das verwandelte Mauerblümchen vorstellen? Jasmin war ja schon immer hübsch – das erkannte anscheinend aber nur ich – doch jetzt ist sie schön, meinst du nicht auch, Bruderherz!?«

Und Jasmin ist auch wirklich hübsch anzusehen. Die langen blonden Haare sind zu einem Pferdeschwanz gebunden und lassen ihr schmales Gesicht unter dem Pony noch hübscher erscheinen. Augen und Lippen hat Tine nur dezent geschminkt. Das taillierte und leicht dekolletierte weinrote Strickkleid bringt Jasmins Figur erst richtig zur Geltung.

Doch Christian betrachtet seine Jugendfreundin von oben bis unten und schweigt. Jasmin läuft rot an. Weil er noch immer nichts sagt, rennt sie Hals über Kopf aus der Wohnung.

Tine zeigt ihrem Bruder einen Vogel und schiebt ihn zur Türe hinaus – »jetzt aber hinterher, mein Lieber!«

Fünf Minuten später kommt Jasmin allein zurück. Sie ist völlig außer Atem und lässt sich auf den Küchenstuhl fallen.

»Wo ist Chris?«, will Tine wissen.

»Keine Ahnung«, erwidert die Freundin schulterzuckend. »Ist er nicht hier?«

In dem Moment ertönt das Telefon. Tine, die gleich danebensteht, nimmt ab: »Ja, hier bei Mauer – hmm, okay, ich verstehe – ja, ja, also bis gleich.«

Jasmin schaut Tine fragend an – »Wer war das? Chris? – Tiiine, nun sag schon!« Anstatt zu antworten, nimmt Tine nur ihre Jacke und die der Freundin. Dann zwinkert sie Jasmin zu und verlässt eilig die Wohnung. Unten vor dem Haus wartet sie auf Jasmin, gibt ihr die Jacke, die diese auch schnell überstreift, denn es beginnt in dicken Flocken zu schneien. Nach wenigen Schritten stehen die Freundinnen bereits vor dem ›Kellert‹.

Jetzt ahnt Jasmin, wer angerufen hatte. »Kleine Hexe«, sagt sie grinsend zu ihrer besten Freundin.

In der Gaststube beginnt schon langsam das Mittagsgeschäft. Die beiden Frauen durchqueren den Raum und Tine öffnet die Tür zum Jägerzimmer. Jasmin, die ihrer Freundin über die Schulter schaut, verschlägt es fast die Sprache. Nur ein »Wow« bringt sie hervor. Überall Kerzen und Blütenblätter. Auf dem Tisch ein großer Rosenstrauß und drei Gläser Sekt.

Lächelnd kommt Chris auf Jasmin zu, reicht ihr und Tine ein Sektglas und nimmt Jasmins Hand. Dabei schaut er ihr tief in die Augen. Er sagt: »Jasmin, ich muss total blind gewesen sein. Da habe ich die schönste, beste und liebste Frau bereits an meiner Seite und bemerke das nicht? Jetzt ist mir auch klar, warum ich es bei keiner Frau lange ausgehalten habe, ja, warum ich keine andere Frau lieben konnte. Lasst uns anstoßen auf unsere jahrelange Freundschaft, auf deinen Geburtstag, liebste Jasmin und auf unser zweites Kennenlernen!«

Chris erhebt sein Glas, und sie prosten sich zu. Dann nimmt er Jasmin in die Arme und küsst sie leidenschaftlich. So glücklich, wie in diesem Moment, fühlte sich Jasmin noch nie. Und sie wünscht sich, dass dieser Glücksmoment für immer anhalten möge.

Der schönste Geburtstag – Tine öffnet inzwischen die Falttür zur Raumvergrößerung, und es zeigt sich wieder mal, dass sie außer einer Verwandlungskünstlerin auch eine Überraschungskünstlerin ist.

Denn nicht nur das reichhaltige Buffet, welches jetzt sichtbar wird, ist atemberaubend, nein, Tine hat es geschafft, Jasmins Lieblingsband »Sternenwolken« für die Geburtstagsfeier zu arrangieren. Und die spielen jetzt auch noch für sie ein Geburtstagsständchen.

Als der letzte Ton verklungen und der Beifall verebbt ist, will Tine mit einer Ansprache beginnen.

So sehr sich Jasmin auch über all das freut, was Ihre allerbeste Freundin auf die Beine gestellt hat, aber jetzt verdreht sie doch die Augen.

Denn, wenn Tine einmal mit einer Rede beginnt, hört sie nicht gleich wieder auf.

Deshalb ruft sie der Band zu: »Bitte noch ein Lied. Ich wünsche mir ›Sternenhimmel‹, denn es ist ja bald Weihnachten.«

Auf einmal stutzt sie, geht näher an die Band heran und fragt unsicher: »Peter, bist du es? Seit wann spielst du in einer ... bei ›Sternenwolken‹ mit?« Der Gitarrist erhebt sich grinsend und geht auf Jasmin zu. Dann umarmt er sie und meint: »Gar nicht, meine Liebe, aber ich bin mit dem Sänger der Band zur Schule gegangen. Da du ihr größter Fan bist, habe ich Tine ein bisschen bei der Organisation geholfen. Was meinst du wohl, wer das hier alles so geschmückt hat?« Er macht eine kurze Pause, und fährt dann fort: »Und noch etwas möchten wir dir sagen, liebe Jasmin.« Doch die winkt nur ab und meint lachend: »Nicht noch mehr Überraschungen – das halte ich nicht aus!« Doch Peter redet einfach weiter: »Tine und ich wollen im nächsten Sommer heiraten. Und du und Christian, ihr sollt unsere Trauzeugen sein!« Tine und Chris kommen langsam auf die sprachlose Jasmin zu. Die fällt ihrer Freundin jauchzend um den Hals. »Danke, danke, danke für alles, und – ich freue mich ja so für dich und Peter«, kann sie nur flüstern. Dann wischt sie sich die Tränen vom Gesicht und sagt voller Rührung aber mit fester Stimme: »Hiermit eröffne ich jetzt das köstliche Buffet. Ich wünsche euch einen guten Appetit!«

Aber nicht einer der Gäste folgt ihrer Aufforderung, denn die Band beginnt genau jetzt Jasmins Lieblingslied zu spielen, und alle singen aus voller Kehle mit. Außer Jasmin, die nur Augen für ihren Freund hat, seine Hand ergreift und einfach nur glücklich ist. Dann schließt sie die Augen, lehnt ihren Kopf an Christians Schulter und lauscht voller Hingabe dem Gesang.

Sternenhimmel

Sternenhimmel überall,
wenn die Nacht beginnt.
Mond erstrahlt wie ein Kristall,
wie ein Silberling.

Sternenhimmel überall,
funkelt weit und breit.
Sterne leuchten bis ins Tal,
bald ist Weihnachtszeit.

Sternenhimmel überall,
wir sind nun bereit
fürs Sternenleuchten hellstem Strahl,
denn jetzt kommt unsre Zeit.

Einmal Vollmond und zurück

Kathrin Weise liegt ausgestreckt und zeitunglesend auf dem lilafarbenen Sofa, welches fast alleiniges Möbelstück dieses kleinen Zimmers ist. Nur ein nierenförmiger Couchtisch, ein zum Sofa passender Sessel und ein Fernseher älteren Modells ergänzen die nostalgische Einrichtung. Die pinkfarbene Rüschengardine an dem einzigen Fenster lässt erkennen, welchen verspielten Geschmack die Wohnungsinhaberin hat.

Kathrin muss unwillkürlich grinsen, denn sie hätte sich diesen Raum garantiert anders gestaltet. Auf jeden Fall moderner. Aber Susanne Wille hat ihr ganz spontan Asyl gewährt, als sie vor vier Wochen mitten in der Nacht und total verheult an ihrer Tür geklingelt hatte. Da steht es Kathrin nicht zu, an dem Geschmack ihrer besten Freundin herumzukritisieren.

Immerhin gibt es einen Blickfang in dieser Ein-Frauenwohnung. Eine offene Küche mit einem Schrank für Geschirr, einem schicken Kühlgerät und einem hochmodernen Herd. Ein Tresen mit zwei Barhockern zwischen Küche und Wohnzimmer trennt einerseits beide Räume, dann aber auch wieder nicht. Das macht ja den Charme einer amerikanischen Küche aus.

Gelangweilt starrt die junge Frau an die Zimmerdecke.

Wo Susanne nur bleibt, fragt sie sich, und hält die Tageszeitung krampfhaft fest. Sogar dieses ›Käseblatt‹ erinnert sie an die furchtbare Nacht vor einem Monat im Februar. Machen die doch Werbung für einen Film, in dem es um einen Vollmond geht. Der leuchtete nämlich auch an dem besagten Tag vom Abendhimmel herab. Der Gedanke daran tut noch immer weh. Tränen rollen über ihre Wangen. Ihr fallen die Augen zu. Langsam gleitet ihr die Zeitung aus den Fingern und auf den Teppich …

Die Tür fliegt auf, und eine große schlanke Frau betritt das Zimmer. In der rechten Hand schwenkt sie eine Zeitung und lässt sich neben Kathrin aufs Sofa plumpsen. »Was meinst du, was ich hier habe?«, zwitschert Susanne vergnügt.

Kathrin schaut ganz verblüfft und setzt sich mit Schwung kerzengerade hin. »Dir auch einen schönen Abend, liebste Freundin. Ich warte schon geschlagene zwei Stunden auf dich. Wollten wir nicht essen gehen – in dieses neue Restaurant?«

»Ach was«, Susanne winkt ab. »Ich hab was viel Besseres. Wir gehen heute ins Kino. Und weißt du, welchen Film wir sehen? Nicht? ›Einmal Vollmond und zurück‹, der Hammerfilm!«

»Hammerfilm«, Kathrin verdreht die Augen. »Das sagst du jedes Mal. Darf ich dich an unseren letzten Kinobesuch vergangene Woche erinnern? War da nicht auch was mit Vollmond?« Kathrin überlegt kurz, dann sagt sie: »Ja, genau – ›Vollmond ohne Gesicht‹, oder so ähnlich. Und dann bist du mitten im Film eingeschlafen – nein, danke!«

Susanne hört schon nicht mehr die Worte ihrer Freundin. Sie bereitet in der Küche noch schnell einen kleinen Imbiss zu, denn immerhin ist es gleich 20:30 Uhr. In bereits einer Stunde beginnt der Film, und Karten haben sie auch noch nicht. Kathrin versucht gar nicht erst, Susanne vom Kinobesuch abzuhalten. Sie ist zwar die Ältere von ihnen, aber das Sagen hatte schon immer Susanne. Das war bereits in der Schule so. Trotzdem sind sie seit der ersten Klasse unzertrennliche Freundinnen.

Die Turmuhr vom Rathaus schlägt neunmal.

»Hilfe, schon so spät. Jetzt aber los!«, fordert Susanne energisch und lässt den Teller mit den restlichen Häppchen einfach auf dem Tresen stehen. Kathrin schiebt sich schnell noch einen Bissen von dem köstlichen Snack in den Mund, schnappt ihre Jacke und schon folgt sie der Freundin aus der Wohnung. Als sie gemeinsam das Haus verlassen, schaut vom Himmel der Vollmond auf sie herab. Kathrin zeigt hoch und meint mit ironischer Stimme: »Passend zum Film«.

»Komm endlich!«, raunt Susanne ihr zu und zerrt sie um die Ecke. Dort bleibt die resolute Frau abrupt stehen. »Sieh nur diese Schlange!«, ruft sie entsetzt.

»Wie, was, wo?«, fragt Kathrin leicht verstört.

»Na dort vor dem Kino, die Menschenschlange«, antwortet Susanne, bevor sie erneut stutzt ... »das gibt es doch nicht, aber ich sehe, dort steht ...«

Während Susanne ihre Freundin einfach stehen lässt und zum Kino stürmt, schwirren Kathrin ganz andere Dinge im Kopf herum. Viel lieber würde sie jetzt essen gehen, denn so richtig satt ist sie nicht. Dass sie gerne isst, sieht man ihr auch an. Während Susanne sehr schlank ist, hat Kathrin mehr Rundungen. Ihr hübsches Gesicht aber scheint plötzlich zu verschwimmen ...

Es klingelt Sturm. Kathrin erschrickt und blinzelt. Wo bin ich, denkt sie, und reibt sich die Augen. Träume ich? Der Mond blickt staunend zum Fenster herein. Sein greller Schein macht das kleine Zimmer ganz hell. Wieder hört sie die Wohnungsklingel. Kathrin erhebt sich von dem Sofa. Noch ganz benommen geht sie in den Flur und öffnet die Tür. »Duuu?«, fragt sie erstaunt und macht kehrt. »Hast du denn keinen Schlüssel?« Susanne eilt wortlos an ihr vorbei ins Wohnzimmer und macht erst einmal Licht. Dann geht sie zum Sofa, hebt die Zeitung auf und setzt sich. Kathrin bleibt stumm im Türrahmen stehen. Erst, als ihr die Freundin einen Zettel reicht, kommt sie zögernd näher. Irritiert schaut Kathrin auf das Stück Papier und reibt sich erneut die Augen. Aber sie ist hellwach. Jetzt sieht sie sich den Zettel genauer an. Die Schrift kommt ihr bekannt vor. Seufzend setzt sie sich neben Susanne und beginnt zu lesen:

»Meine Liebste, bitte verzeih mir. Ich wollte dich nicht verletzen. Ich war so dumm. Zum Glück traf ich heute Susanne vor dem Kino, und so erfuhr ich, dass du bei ihr wohnst. Ich liebe dich immer noch sehr. Bitte gib uns eine zweite Chance. Hannes.«

Ein fragender Blick trifft Susanne. Die erzählt nun, dass sie unbedingt den Film ›Einmal Vollmond und zurück‹ sehen wollte, aber leider ihren Schlüssel und auch das Handy vergessen hatte. Da aber die Zeit drängte und der Film zum letzten Mal im Kino lief, konnte sie Kathrin nicht mehr benachrichtigen.

»Na ja, und nach dem Kinobesuch traf ich Hannes.«

Nun berichtet Kathrin von ihrem sehr merkwürdigen Traum. Aber kann es das geben, dass Traum und Realität übereinstimmen, fragt sie sich insgeheim. Vermutlich war nur der Vollmond daran schuld. Ob sie Hannes eine zweite Chance geben wird, das steht wohl in den Sternen. Doch bevor sie darüber ernsthaft nachdenkt, will sie endlich etwas essen. Ihr knurrender Magen gibt ihr Recht. Vergnügt kichernd, das erste Mal wieder seit ihrer Trennung von Hannes, macht sich Kathrin emsig am Herd zu schaffen.

Susanne und der Vollmond schauen ihr dabei zu ...

Der silberne Mond

Er silbern hoch am Himmel thront

zwischen Sternen und Planeten –

Milliarden Jahre schon, der Mond,

und erfreut stets Maler und Poeten.

Der Mann im Mond

Ich genieß das Leben auf der Erde hier
als Mensch seit über siebzig Jahren.
Kenne Pflanzen und auch allerlei Getier,
doch übern Weltraum möcht ich mehr erfahren.

Kann Sonne, Mond und Sterne sehen,
gibt es den Mann im Mond dort oben doch?
Wie lange wird die Welt bestehen?
Wenn sie verschwindet, entsteht dafür ein Loch?

Den Weltraum will der Mensch erkunden,
indem er in Raketen steigt.
Auch Satelliten dreh'n dort oben ihre Runden,
mit Kameras wird's dann hier unten angezeigt.

Manch Mutiger ist in den Himmel aufgestiegen,
gesund und klüger kehrte er zurück.
Trotzdem ist der Mensch noch nicht zufrieden –
will weiter, höher – strebt nach Macht und Glück!

Reif fürs Museum

Ich werfe einen kurzen Blick zur Wanduhr, bevor ich ihn weiter über den Schreibtisch wandern lasse. An zwei Aktenordnern bleibt er hängen. Nachdenklich ziehe ich die Stirn in Falten. Das alles muss ich heute noch erledigen. Mir wird schlecht. Allein bei diesem Gedanken. Dabei ist es bereits 15 Uhr und der Feierabend schon recht nahe. Sogleich macht sich ein weiterer Gedanke in mir breit: Ich brauche Urlaub – auf der Stelle – sofort. Zeit nur für mich. So richtig ausschlafen – in aller Ruhe frühstücken – den ganzen Tag im Schlafanzug rumlaufen – kein Handy, kein Computer – nur ich und sonst nichts und niemand. Ich seufze bei dieser traumhaften Vorstellung. Ja, das könnte ich schon eine ganze Woche aushalten. Aber was mache ich dann? ... Natürlich weiter Urlaub! Das steht fest wie das Amen in der Kirche! Denn der Erholungseffekt setzt erst nach zwei Wochen ein – laut einer wissenschaftlichen Studie. Und bevor ich womöglich ein Burnout erleide – ist ja die Volkskrankheit des 21. Jahrhunderts – muss ich mir Erholung verschaffen. Wieder schiele ich auf den Aktenstapel. Ich gähne und fühle mich auf einmal schlapp und müde. Ich verschränke beide Arme vor mir auf dem Tisch und lasse meinen Kopf darauf sinken.

Was hält mich eigentlich davon ab, frei zu machen, frage ich mich plötzlich, erhebe mich und stelle mich entschlossen ans Fenster. Für einen kurzen Moment verschwinden die Akten aus meinem Sichtfeld und gleichzeitig aus meinem Kopf. Ich öffne das Fenster, atme die frische Luft ein, als ich auf ein Amselmännchen aufmerksam werde. Es hüpft auf dem Stück Wiese vor dem Haus hin und her und sucht mit seinem gelben Schnabel wild pickend in der Erde nach Würmern. Während ich den Vogel amüsiert beobachte, fällt mir erneut mein Urlaubsvorhaben ein, und eine Blitzidee erfasst mich. Ich weiß nun, was ich mir in der zweiten Woche gönnen könnte. Zum Beispiel etwas

Kultur. Ja, Kultur wäre genau das Richtige, denn nur faulenzen ist nicht mein Ding. Deshalb mache ich rasch das Fenster zu und setze mich zurück an meinen Schreibtisch. Mit geschlossenen Augen denke ich weiter über meine Pläne nach. Mir schwebt da ein ausgiebiger Museumsbesuch vor. Wann war ich zum letzten Mal in einem Museum, überlege ich gerade, als unerwartet und ohne Anzuklopfen mein Chef ins Büro platzt. Ohne Punkt und Komma spricht er ganz aufgeregt: »Frau Müller, Sie können keinen Urlaub bekommen, nicht bei dem Krankenstand!« Und schon ist er wieder raus. Ich aber sitze mit offenem Mund auf meinem Drehstuhl wie erstarrt und werde mal rot und mal blass.

Was war das eben? Habe ich richtig gehört? Ich soll keinen Urlaub bekommen? Was fällt dem ein? Und überhaupt - kann der Gedanken lesen? Ich habe doch noch gar keinen eingereicht ... aber ich brauche tatsächlich Urlaub, und mein Chef ist dagegen – nein, das geht nicht, das kann und will ich nicht akzeptieren! Kaum zu Ende gedacht erhebe ich mich und laufe zwei Türen weiter. Noch bevor ich das Chefbüro erreicht habe, mache ich kehrt. Der Mut hat mich verlassen. Und wieder werde ich auf meinen Urlaub verzichten. Zum dritten Mal in diesem Jahr. Immer kam etwas dazwischen. Das erste Mal verzichtete ich zugunsten einer alleinerziehenden Kollegin auf meinen Ostseeurlaub. Das zweite Mal im Herbst – ich hatte schon das Flugticket für Ägypten in der Tasche – da legte mich eine Krankheit lahm. Dabei hatte ich mich wie verrückt auf die Pyramiden gefreut. Doch nix da. Und nun soll ich erneut verzichten? Dabei habe ich diesmal einen Museumsbesuch geplant, wenn auch erst vor fünf Minuten, aber das ist egal. Geplant ist geplant!

Mein besonderes Interesse gilt den Bildergalerien, vorrangig der Landschaftsmalerei. Meine Eltern rasten früher mit mir, im wahrsten Sinne des Wortes, durch jedes Museum, das sich ihnen bot. Gesehen hatte ich dabei nie etwas so richtig. Mein späterer Mann interessierte sich auch für Museen, aber mehr für alte Autos und deren Technik. Da blieb ich lieber daheim. Seit kurzem bin ich nun allein. Jetzt kann ich endlich mal an mich denken, daran, was mir gefällt, und ich muss auf niemanden mehr Rücksicht nehmen. Jedes einzelne Gemälde werde ich ausgiebig betrachten. Doch das hat mir mein Chef gerade gründlich vermasselt. Ich hadere noch, mich meinem Schicksal zu ergeben, da kommt mir eine geniale Idee: Im Grunde genommen benötige ich für mein Vorhaben nur einen einzigen Tag … hmmm, und den werde ich mir auch nehmen! Basta! Gleich morgen melde ich mich krank! Was andere können, kann ich schon lange. Aber jetzt muss ich noch den restlichen Schreibkram erledigen. Dafür setze ich mich wieder an den Schreibtisch, schnappe mir eine Akte nach der anderen, bis ich nur noch zwei Seiten auf meiner Tastatur eintippen muss …

Um 08:00 Uhr öffnet das Museum. Ich bin die erste Besucherin. Kaum habe ich meine Eintrittskarte in der Hand, fühle ich mich auch schon von den vielen Bildern magisch angezogen. Die ersten zwei Stunden nutze ich, um mir einen groben Überblick zu verschaffen. Erst um halb elf gehe ich zum Eingang zurück und beginne nun, die Gemälde ausführlich unter die Lupe zu nehmen. Die vielen anderen Museumsbesucher beachte ich gar nicht. Ich betrachte voller Faszination jedes Kunstwerk bestimmt eine halbe Stunde. Jedenfalls kommt es mir so vor. Ich bemerke überhaupt nicht, wie die Zeit vergeht. Nicht einmal Hunger verspüre ich. Nur einen Kaffee habe ich mir aus meiner mitgebrachten Thermoskanne gegönnt. Dass inzwischen, außer mir, keine weiteren Besucher mehr zu sehen sind, fällt mir nicht auf. Aber jetzt muss ich doch mal zur Toilette.

Kaum zurück, betrete ich den letzten Saal dieser Galerie und stelle fest, wie Sonnenstrahlen durch die Fenster leuchten. Ich schüttele verwundert den Kopf. *Die anderen Räume waren doch fensterlos, oder?* Wie in Trance schreite ich auf ein wunderschönes Gemälde zu, auf dem ein großes Getreidefeld zu sehen ist. In dem Augenblick scheint mir die

Sonne mitten ins Gesicht – und da passiert etwas Merkwürdiges ...

Hundegebell ist zu hören und Motorengeräusch, das immer näherkommt. Dann sehe ich einen Mähdrescher direkt auf mich zu fahren. Ich versuche wegzulaufen, komme aber nicht vom Fleck. Im letzten Moment halte ich mein Gesicht in die Sonne, und ... ich stehe wieder im Saal vor dem Bild.

Mir ist ganz schwindlig. Immer noch leicht benommen sehe ich mich suchend nach einer Bank um und setze mich. Mir wird plötzlich bewusst, dass ich allein bin. Ich schaue auf meine Uhr. Schon halb sieben. Kann das sein? Entsetzt springe ich auf, laufe zum Ausgang, fasse nach der Klinke und will die Tür öffnen. Doch die ist zu. Man hat mich eingesperrt. Was soll das?

»Hilfe, Hilfe«, rufe ich, so laut ich kann. Aber niemand hört mich. Resigniert lasse ich mich auf den Steinfußboden sinken. Vielleicht kommt später der Nachtwächter vorbei, hoffe ich insgeheim – falls sich das Museum überhaupt einen leisten kann ...

»Frau Müller, haben Sie gerade um HILFE gerufen? – Was machen Sie überhaupt noch hier? Sie haben doch schon lange Feierabend?«

Ich schrecke auf und schaue in die Augen meines Chefs. *Was will der hier im Museum?* Verwundert sehe ich mich um, bis ich feststelle, dass ich noch immer an meinem Schreibtisch sitze.

Sehnst du dich nach Urlaub wieder?

Zum Erholen deiner Glieder?
Fürs Relaxen, glaube mir,
genügt manchmal á Glas'l Bier.

Sehnst du dich nach Urlaub wieder?

Zum Erholen deiner Glieder?
Zum Relaxen einfach so?
Dann schau dir Tiere an im Zoo.

Sehnst du dich nach Urlaub wieder?

Zum Erholen deiner Glieder?
Mach es einfach so wie ich:
verlass das Bett zwei Tage nicht.

Sehnst du dich nach Urlaub wieder?

Zum Erholen deiner Glieder?
Setz dich einfach in den Zug,
genieß die Landschaft – das wär klug.

Sehnst du dich nach Urlaub wieder?

Zum Erholen deiner Glieder?
Triff mit Freunden dich beim Grill.
Beginn damit schon im April.

Sehnst du dich nach Urlaub wieder?

Zum Erholen deiner Glieder?
Dann lies doch einfach das Gedicht.
Geschrieben hat's (k)ein Bösewicht!

Man wird ja wohl noch träumen dürfen …

»Hey Süße!« Der junge Mann mit den blonden Locken kommt lächelnd auf mich zu. Ich sehe mich um. Er scheint tatsächlich mich zu meinen, denn außer mir ist niemand hier. An diesem grauen Novembersonntag bleiben die Leute auch lieber in ihrer warmen Stube, als sich im Stadtpark herumzutreiben. Ich schaue diesem blonden Schönling erwartungsvoll entgegen. Doch dann geht er an mir vorbei, als wäre ich Luft. Verwundert blicke ich ihm nach. Er kommt mir bekannt vor, überlege ich noch, als, wie aus dem Nichts, eine adrette dunkelhaarige Frau mit einem Pagenschnitt auf der Bildfläche erscheint. Die Beiden umarmen sich und sind plötzlich wie vom Erdboden verschwunden. Erstaunt geht mein Blick dorthin, wo gerade noch das Pärchen stand, und ich ignoriere den beginnenden Regen. Erst als die Nässe in meinen Kragen kriecht, stülpe ich mir die Kapuze meines Mantels über. Mich fröstelt und mein Schritt wird schneller. Ich will einfach nur noch nach Hause. Weshalb habe ich überhaupt meine kuschlig warme Wohnung verlassen? – Ach ja, Olaf hatte versucht, mich anzurufen und dann auf den Anrufbeantworter gesprochen. Er wollte sich meinen Einkaufszettel holen, dabei geht er doch erst in drei Tagen wieder einkaufen. Als er nach einer halben Stunde noch nicht bei mir aufgetaucht war, ging ich ihm entgegen. Ich wusste, dass er jeden Sonntag im Park joggte. Genau.

Warum fällt mir ausgerechnet jetzt Rüdiger ein, denke ich irritiert und ziehe die Kapuze tiefer ins Gesicht – ach ja, Rüdiger joggte auch gerne im Park. Was er aber nie akzeptieren konnte, dass ich ihn nicht heiraten wollte. Zum einen kannten wir uns erst drei Monate, zum anderen, wusste er nicht, dass ich – na ja, jedenfalls lehnte ich seinen Heiratsantrag ab, damals. Ich erinnere mich noch gut an jenen besagten Tag – der Regen wird immer stärker, läuft mir in die Augen und die Bäume im Park verschwimmen vor meinem Gesicht, so, als würden sie mit meiner Erinnerung verschmelzen …

Ich saß im Morgenmantel in meiner Küche am Tisch – ich hatte gerade von meinem Pflaumenmusbrötchen abgebissen, als es klingelte. Noch kauend stand ich auf, nahm den Hörer und fragte in die Sprechanlage: »Wer da?«

»Ich bin's, mach bitte auf!«, hörte ich ihn sagen.

Ich drückte auf den Summer und öffnete gleichzeitig die Wohnungstür. Ich setzte mich wieder an den Tisch, nahm einen Schluck von meinem Milchkaffee, als er auch schon hereingestürmt kam. Ohne die Tür hinter sich zu schließen, kniete er vor mir nieder. Vor Schreck verschluckte ich mich fast. Ich starrte ihn entgeistert an. Dann stammelte ich: »Was soll der Quatsch? Komm, steh wieder auf!«

Olaf – nein, natürlich Rüdiger, ließ sich nicht beirren. Im Gegenteil. Er setzte noch einen drauf, indem er mit feierlicher Stimme verkündete: »Meine Süße, ich weiß, wir kennen uns noch nicht so lange, aber ich frage dich jetzt und hier - willst du, Julia Morgenstern, mich, Rüdiger Busch, zu deinem Ehemann nehmen?«

Ich glaubte, meinen Ohren nicht zu trauen und brachte kein Wort heraus. Anscheinend dachte er, dass ich ihn nicht verstanden hätte, jedenfalls wiederholte er den ganzen Text und diesmal eine Spur lauter. Das musste natürlich nicht sein, schließlich war ich nicht taub. Auch musste es nicht das ganze Haus mitbekommen. Ich erhob mich rasch, um endlich die Tür zu schließen. Dann drehte ich mich zu ihm um. Er kniete noch immer am Boden. Ich sah auf ihn herab und nahm meinen ganzen Mut zusammen. Ich holte tief Luft und sagte: »Rüdiger – ich kann und ich werde dich nicht heiraten – ich werde überhaupt nicht heiraten – niemals!« Ohne ihn weiter zu beachten, setzte ich mich zurück zu meinem Pflaumenmusbrötchen. Ich hörte nur noch die Tür ins Schloss fallen …

Wind bläst mir die Kapuze vom Kopf und starker Regen peitscht in mein Gesicht. Ich bin froh, nur noch wenige Meter von meinem Wohnhaus entfernt zu sein. Die letzten paar Schritte renne ich, obwohl ich das Gefühl habe, nicht vorwärts zu kommen. Nebenbei zerre ich meinen Schlüssel aus der Manteltasche. Da höre ich eine Stimme. Erschrocken blicke ich hoch – ich will weglaufen, aber es geht nicht – ich komme nicht vom Fleck, ich stolpere, falle und wieder verschwimmt alles vor meinen Augen …

»Hallo Julia, wo kommst du denn her?«

»Das Gleiche könnte ich dich fragen«, gebe ich zur Antwort und stecke den Schlüssel ins Schloss.

»Warum nimmst du nie ab, wenn ich dich anrufe? Wir müssen noch einmal miteinander reden.«

»Müssen wir das?«, frage ich etwas spitz – entgegen meiner sonstigen, eher schüchternen und freundlichen Art. Doch dieser Mann bringt mich jedes Mal auf die Palme. Warum kann er nicht endlich begreifen, dass wir kein Paar werden, und meinen Einkaufszettel bekommt er auch nicht!

Ich schließe die große Eichentür auf und will schon ins Haus schlüpfen, als sich Olaf, oder Rüdiger – ach egal – an mir vorbei drängelt. Na toll, denke ich, jetzt hat er es wieder geschafft. Er redet auch sofort auf mich ein, dazu in einer Lautstärke, die mich zwingt, ihn notgedrungen mit in meine Wohnung zu nehmen. Kaum drin verschwinde ich erst einmal im Bad. Dort werfe ich meine nassen Sachen in die Badewanne und ziehe mir meinen Morgenmantel über. Als ich aus dem Bad komme, in der Hoffnung, Olaf nicht mehr vorzufinden, riecht es verführerisch nach Bohnenkaffee. Er kommt mir mit einer Tasse dieses köstlichen Getränks entgegen, welches ich so liebe. Und Olaf weiß das. Deshalb sein breites Grinsen. Er nimmt meine Hand und führt mich ins Wohnzimmer. Ich folge ihm wie in Trance. Keine Ahnung, was mit mir passiert, aber irgendwie schafft er es immer, meine Knie weich werden zu lassen. Wenn er mich jetzt fragen würde,

würde ich JA sagen. Ich lasse mich auf die Couch fallen. Eine Sekunde später nimmt mir dieser Wahnsinnsmann die Tasse aus der Hand und wir fallen über uns her. Ein Klingelton reißt uns aus diesem Liebestaumel. Wir lassen sofort voneinander ab. Ich greife nach meinem Morgenmantel, sammle seine Sachen auf und werfe sie ihm zu. »Zieh dich an«, zische ich zwischen meinen Zähnen hervor, eile zur Tür und öffne.

Vor mir steht ein Mann in einem weißen Kittel ... ich versuche, die Tür schnell wieder zuzudrücken, doch sie geht immer wieder auf ...

»Frau Morgenstern, wach werden ... *ich glaube, sie kommt langsam zurück ... ja, wir haben sie wieder ...* alles gut, Frau Morgenstern.«

»Was ist los, wo bin ich?«

»Im Krankenhaus.«

»Im Krankenhaus?«

»Ja, Sie hatten einen Unfall. Wenn man Sie nicht im Park gefunden hätte – aber so konnten wir Sie notoperieren. Doch jetzt bringt Sie Schwester Marlis erst einmal auf Ihr Zimmer, denn ein paar Tage behalten wir Sie zur Beobachtung hier.«

Zur Beobachtung? – denke ich und drifte zurück ins Land der Träume. Erst, als es klopft, werde ich kurz munter. Mein Blick wandert zur Tür, die sich langsam öffnet.

Hinter einem großen Blumenstrauß verbirgt sich ein junger Mann. Ich zwinkere kurz und schließe die Augen schnell. Sicherlich träume ich.

»Hallo, Frau Morgenstern, schlafen Sie noch?«

Ich öffne vorsichtig meine Augen und erkenne nun meinen Nachbarn Olaf Busch. Er ist erst vor drei Monaten in unser Haus gezogen, eine Etage über mir. Das stellte sich tatsächlich als Glück für mich heraus. Denn als er sich kurz nach seinem Einzug bei mir vorstellen wollte, lag ich mit einer schweren Erkältung im Bett. Er bot mir sofort seine Hilfe an. Seitdem bringt er mir immer den Einkauf mit. Hinterher trinken wir gemeinsam Kaffee, von dem ich jedes Mal eine große Kanne aufbrühe, damit mir der hübsche junge Mann recht lange Gesellschaft leisten muss.

Ich lächle schwach und bin froh, dass Herr Busch mir meine Gedanken nicht an der Stirn ablesen kann. Von meinem Narkosetraum werde ich ihm nichts erzählen und auch nicht, dass ich ein kleines bissel in ihn verliebt bin, so wie damals in Rüdiger.

Dabei werde ich demnächst schon achtzig. Aber darf eine alte Frau nicht ein wenig träumen?

Weißt Du noch?

Warum hast du nichts gesagt? Ich hätte dir doch geholfen.

Das weißt du?

Und trotzdem sagtest du mir nicht, dass du es nicht mehr kannst?

Es hat sich vieles verändert – seit damals.

Weißt du noch, als wir uns das erste Mal sahen? Du hattest ein buntes Sommerkleid an, und der Wind spielte mit deinen wunderschönen blonden, langen Haaren. Ich war hin- und hergerissen von deiner Erscheinung.

»Ja, ist schon gut, wir gehen zurück. Ich weiß, du magst den Wind nicht.«

Nachdenklich betrachte ich dich von der Seite, und noch immer fasziniert mich dein liebes Gesicht. Deine Haare sind so schön wie vor fünfzig Jahren. Zwar nicht mehr so lang und auch nicht mehr blond. Ein silbergrauer Schimmer hat sich über dein Haar gelegt.

Ich nehme zärtlich deine Hand.

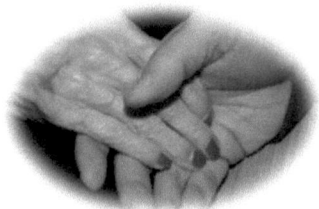

»Komm, wir gehen nach Hause«, sage ich zu dir und bin glücklich, dass du mich anlächelst und, dass ich Dich habe.

So viel Heimlichkeit

Es war drei Tage vor Heiligabend. Es könnte das Jahr 1955 gewesen sein. Die siebenjährige Marion war schrecklich aufgeregt. Ständig hing sie der Mutter am Rockzipfel und fragte immer wieder: »Mama, werde ich eine Puppe vom Weihnachtsmann bekommen – eine Puppe mit blonden Zöpfen?« Immerhin hatte sie sich in letzter Zeit besonders große Mühe gegeben, artig zu sein. Weder in der Schule noch daheim gab es Klagen. Das musste doch der Weihnachtsmann auch mitbekommen haben?

Die Mutter antwortete nicht, sondern zuckte nur mit den Schultern. Liebevoll strich sie ihrer Tochter über das Haar, dann meinte sie: »Ich will schnell noch einmal in den Konsum rüber. Es dauert bestimmt nicht lange, auch müsste Papa gleich von der Arbeit heimkommen. Geh doch solange in dein Zimmer.«

Marion seufzte und ging folgsam die Treppe hinauf. Sie wollte gerade das Kinderzimmer betreten, als ihr Blick auf die Schlafstubentür der Eltern fiel. Wie gebannt starrte sie auf den Schlüssel. Wieso steckt der? War etwa der Weihnachtsmann hier und hat … Marion sieht sich neugierig um. Im Haus ist alles still, nur das Ticken der Standuhr in der Diele ist zu hören.

Marion glaubt noch immer an den Weihnachtsmann, aber sie weiß inzwischen, dass ihm die Mutter beim Besorgen der Geschenke hilft. Schließlich kann er nicht alles allein machen, bei so vielen Kindern auf der Welt. Das ist ihr klar. Also kann auch Mama vergessen haben, den Schlüssel abzuziehen, hm … Ihr blieb keine Zeit, lange darüber nachzudenken. Kurzentschlossen drehte Marion den Schlüssel herum und öffnete vorsichtig die Tür. Sie steckte ihren Kopf durch den Spalt, um dann ins Zimmer zu huschen. Neugierig sah sie sich darin um. Wo waren die Geschenke versteckt? Marion schaute in alle Ecken. Schließlich entdeckte sie einen länglichen Karton. »Hmm«, überlegte sie, »ob da die Puppe drin ist?« Das Kind kaute nervös auf seiner Unterlippe herum. »Ach was soll's«, murmelte Marion und versuchte mit all ihrer Kraft, eine Ecke vom Karton hochzuziehen. Gleich hatte sie es geschafft … »Mist, jetzt ist der Karton kaputt, auch das noch!« Aber da … Marion konnte blonde Zöpfe erkennen. Schnell stellte sie den Karton zurück in die Ecke, verließ das Zimmer und schloss es wieder ab. Gerade noch rechtzeitig, denn genau in dem Moment betraten ihre Eltern gemeinsam das Haus. Hoffentlich merkt Mama nichts, dachte Marion, während sie sich in ihr Zimmer schlich.

Endlich war das Weihnachtsfest da und mit ihm die heißersehnte Bescherung. Marion wusste ja, was sie bekam – eine Puppe mit langen blonden Zöpfen. Deshalb legte sie die Geschenke von den Großeltern und ihrer Patentante Gretel gleich zur Seite, nachdem sie diese ausgepackt hatte. Ihre Eltern schenkten ihr ein großes Märchenbuch. Auch das wurde achtlos beiseitegelegt.
Enttäuscht schaute sich Marion im Wohnzimmer um.
»Suchst du etwas?«, fragten die Eltern.
»Wo ist die Puppe mit den blonden Zöpfen?«
»Ach, die Puppe«, meinte die Mutter mit ernster Miene, »die hat der Weihnachtsmann wieder mitgenommen. Neugierige Kinder mag er gar nicht!«
Marion bekam natürlich ihre Puppe, allerdings erst zum Osterfest. Strafe musste sein, dachten sich vermutlich die Eltern. So neugierig, wie vor Weihnachten, war Marion nie wieder, jedenfalls ließ sie es sich nicht anmerken. Und irgendwann glaubte auch sie nicht mehr an den Weihnachtmann.

Fröhliche Weihnachten!

Heute, Kinder, wird's was geben,
heute kommt der Weihnachtsmann.
Heute werden wir erleben,
ob er wirklich etwas kann.

Wird er uns Geschenke bringen?
Ist das vielleicht nur ein Gerücht?
Wir könnten ihm ein Lied'l singen?
Oder hört er lieber ein Gedicht?

Bis heute Abend ist noch Zeit,
bis dahin fällt uns hoffentlich was ein –
denn erst in einem Jahr ist's wieder soweit,
erst da wird wieder Weihnacht sein.

Wenn beste Freundinnen unter sich sind

Auch heute, sogar am Samstag, sitze ich in meiner ›Bibliothek‹, um meiner Lieblingsbeschäftigung, dem Schreiben, nachzugehen. Während ich wie gebannt auf den Monitor meines Computers starre, nehme ich ein leises Geräusch wahr. *Hat das eben geklingelt?* Ich hebe den Kopf, neige ihn zur Seite und lausche. *Da, jetzt wieder … aha, das Telefon. Doch wer mag das sein?* Noch bevor sich der Anrufbeantworter einschaltet, nehme ich den Hörer ab.

»Hallo?«

»Ich bin's, Angelika. Kann ich vorbeikommen?«

»Angelika?«, frage ich erstaunt, und dann höre ich ein: »naja, Geka – erkennst du meine Stimme nicht?«

Ach Geka … ich hatte sie tatsächlich nicht erkannt und muss unwillkürlich grinsen, was zum Glück niemand sehen kann. Ich erwidere trocken: »Na klar – welche Frage … ich bin nur so überrascht … natürlich kannst du kommen … ich freu mich.«

›Wo bist du eigentlich‹, will ich noch fragen, doch da hat sie bereits aufgelegt.

Während ich alles für eine gemütliche Kaffeerunde vorbereite, kann ich meine Aufregung kaum zügeln. Ich weiß gar nicht mehr genau, wann ich meine beste Freundin das letzte Mal gesehen habe? – Mit der Kaffeebüchse in der einen und dem gehäuften Kaffeelöffel in der anderen Hand versuche ich, mich zu erinnern … *es war im Sommer 2013. Ich hielt mich für zwei Tage wegen eines Schreibkurses in der Nähe von Berlin auf. Gleich nach Beendigung des Kurses traf ich mich mit meiner Freundin auf dem Alex …*

Das sind nun auch schon fast sieben Jahre her, überlege ich und sehe zur Uhr. Jeden Augenblick könnte sie hier sein, denn zwanzig Minuten ist das Telefonat jetzt her. Da klingelt es auch schon. Ich eile zur Tür, reiße sie auf und schon liegen wir uns in den Armen. Ich freue mich wie verrückt und bin glücklich, dass meine Freundin endlich den Weg zu mir gefunden hat. Lange genug hat es ja gedauert. »Komm leg ab«, sage ich mit belegter Stimme und hänge ihren Mantel an den Garderobenhaken. Ich kann es immer noch nicht richtig fassen, dass sie nun vor mir steht. Sechsundfünfzig Jahre lang sind wir beste Freundinnen, genaugenommen seit der neunten Klasse. Ich fühle mich plötzlich in das Jahr 1964 zurückversetzt ... *Angelika betrat den Klassenraum, alle Schüler, mich inbegriffen, starrten sie an, die neue Schülerin – sie kam erst einige Tage nach Schulbeginn zu uns. Den Grund dafür wusste keiner. Vermutlich wurde er uns gar nicht genannt. Sie setzte sich neben mich und war mir auf Anhieb sympathisch ...*

»Hallo?«, höre ich und schaue meinen Besuch irritiert an. Dann sage ich etwas schuldbewusst: »Oh, entschuldige, ich war ganz in Gedanken, aber nun komm endlich rein, der Kaffee ist fertig.« Doch meine Freundin rührt sich nicht. Ich drehe mich zu ihr um und bemerke ihren erstaunten Gesichtsausdruck. Erst da wird mir bewusst, dass Geka ja noch nie bei uns in Bautzen war. Weder in unserer Neubauwohnung, noch in unserem Haus, welches wir seit 1997 bewohnen. »Nun komm,«, sage ich noch einmal und schiebe sie kurzerhand bis ins Wohnzimmer. Neugierig sieht sie sich um.

›Vielleicht sollte ich ihr zuerst das Haus zeigen?‹, überlege ich und wende mich bereits der Holzwendeltreppe zu. Geka folgt mir sofort nach oben, und während ich sie durch die Räumlichkeiten führe, vergeht eine ganze Stunde. Punkt sechzehn Uhr sitzen wir endlich im Wohnzimmer am Couchtisch. Bevor wir unser Wiedersehen bei Kaffee und Kuchen genießen, frage ich noch: »Oder magst du lieber ein Stück vom Dresdner Christstollen? Ist ein kleiner Rest von letzter Weihnacht.«

Kopfschüttelnd antwortet meine Freundin: »Dein selbstgebackener Quarkkuchen ist mir lieber.« Lächelnd gebe ich ihr gleich zwei Stück davon auf den Teller.

Auch wenn wir in den letzten Jahren nur sporadisch miteinander kommunizierten – mal eine Karte, mal ein Anruf – geht uns der Gesprächsstoff nicht aus. Das ist wahrscheinlich bei Freundinnen so? Ich fühle mich plötzlich in unsere Jugendzeit zurückversetzt. Geka scheint das Gleiche zu empfinden. Nebenbei kommt leise Musik aus dem Radio. Meine Freundin hat sich gerade ein drittes Stück Kuchen genommen, als ich sie frage: »Weißt du noch?«

Erstaunt sieht sie mich, mit der Kuchengabel im Mund, an und nuschelt: »Was meinst du?«

»Na, als ich mein erstes Buch schrieb.«

Ja – aber du schreibst doch schon an deinem vierten oder fünften ...?«

»Genau! Und jedes Mal begann alles mit einem weißen Blatt Papier.«

Geka sieht mich schmunzelnd an. »Und du hast wie gebannt auf das leere Blatt gestarrt, als würde sich dadurch etwas verändern. Richtig?«

»Stimmt«, antworte ich und muss lachen, bevor ich fortfahre: »Denn nichts dergleichen geschah – kein Vorher-Nachher-Effekt.«

»Hm, und wie lange dauerte dieser Erstarrungsmoment an?«, will meine Freundin nun wissen.

Ich schließe die Augen, überlege kurz und antworte schließlich: »Nicht lange. Vielleicht zehn Minuten, und dann ...«

»Was, und dann?«

»Dann rief mich mein Mann.«

„Warum?«

»Zum Essen natürlich – du weißt doch, dass er kocht.«

»Ja, ich weiß ...«, kommt es zögerlich, und mit einem Mal schaut sich Geka erstaunt um, bevor sie mich mit ihren großen schönen Augen entgeistert ansieht.

›Was hat sie nur, überlege ich noch‹, doch da fragt sie auch schon: »Sage mal, wo steckt der überhaupt?«

Liebe beste Freundin

Meine älteste Freundin –
nicht vom Alter,
sondern von der Zeit.
Ich möchte Dir gratulieren,
denn es ist wieder mal soweit!

Siebzig Jahre bist Du nun
und trotzdem jünger noch als ich.
Ich wünsche Dir viel Glück,
fast schon schwesterlich!

Wenn uns auch Kilometer trennen,
wir sind uns trotzdem nah.
Wie das so ist bei Freundinnen
steh'n wir uns bei –
in allen Lebenslagen, wie wunderbar!

Meine Freundin in unserem Garten am 21.06.2019

Ein Brief an mich selbst

oder ›Ich mag nicht nur telefonieren‹

Hallo!

Kannst du dich erinnern, wie sehr du dich auf das Telefonat mit deiner Tochter gefreut hast? Seit sie wieder arbeiten geht; das sind nun auch schon bald drei Jahre; habt ihr dazu selten Gelegenheit. Doch, sobald eine von euch Beiden zum Hörer greift, dauert solch ein Mutter-Tochter-Gespräch mindestens eine Stunde.

Diesmal war es aber bereits nach zehn Minuten beendet. Trotzdem habt ihr ganz auf die Schnelle das Aktuellste noch ausgetauscht. Den Rest der Neuigkeiten hob sich jede von euch für den nächsten Tag auf, an dem ihr euch treffen wolltet.

Endlich war es dann soweit. Der Donnerstagmorgen begann mit Sonnenschein. Nur ein paar Pfützen erinnerten an den Regen der letzten Nacht. Du fuhrst pünktlich um zehn Uhr dein Auto vom Hof. Eine Viertelstunde danach stieg deine Tochter zu. Etwas außerhalb der Stadt vor ihrem Mietshaus erwartete sie dich bereits. Nachdem du ungefähr zehn Minuten später das Auto auf dem kostenlosen Parkplatz am Rande der Stadt abgestellt hattest, war euer erster Gang zum Friedhof. Du mit einem frischen Blumenstrauß in der Hand und Madlen mit der Gießkanne – so standet ihr am Grab deiner Mutter, der Großmutter eurer drei Kinder.

Die Blumen, welche du erst am Freitag zuvor hierhergestellt hattest, sahen noch wunderschön aus.

»Was machen wir damit?«, fragtest du mit einem ratlosen Blick auf den Strauß in der Friedhofsvase. Madlen hatte eine geniale Idee.

Die frischen Blumen bekam natürlich ihre ›Oma‹. Den etwas älteren Strauß spendierte sie ›Ursula‹, die das Urnengrab genau neben deiner

Mutter hat. ›Ursulas‹ Grabstelle machte schon lange einen trostlosen Eindruck. Warum wohl, fragtet ihr euch. Lebten die Angehörigen von dieser Ursula vielleicht im Ausland? Oder in den alten Bundesländern? Oder aber … wer konnte das schon so genau wissen?

Einen Moment verweiltet ihr stumm an dem Grab. Inzwischen war der Uhrzeiger weitergerückt. Die Sonne brannte schon tüchtig. Aus der Zeitung wusstest du von der Eröffnung eines neuen Cafés, welches sich gleich in der Nähe befinden sollte. Es war schnell gefunden. Noch wart ihr die ersten und einzigen Gäste. Also hattet ihr die freie Wahl eines Sitzplatzes. Ihr setztet euch an einen Vierertisch im Schatten. Hier war es gemütlich. Nach einem Kaffee, einem leckeren Eisbecher und jeder Menge Informationsaustausch wolltet ihr wieder aufbrechen. Das kleine Café füllte sich allmählich, so dass es mit der Ruhe vorbei war. Immerhin war es bereits zwölf Uhr, also Mittagszeit. Ihr hattet aber noch keine Lust, zum Auto zu gehen. Es gab doch noch so viel zu erzählen, nicht nur deine Tochter betreffend. Nein. Du wolltest noch das Neueste über deine beiden Enkelkinder erfahren. Also musste ein Umweg überlegt werden. Der führte dann durch die Stadt, durch das Kornmarktcenter, die Reichenstraße entlang, über den Markt, am Dom vorbei, durch alte Gassen, und schließlich wart ihr wieder auf dem Parkplatz angelangt.

Um halb zwei trenntet ihr euch voneinander mit einer herzlichen Umarmung und den Worten »Was für ein schöner Tag. Das machen wir mal wieder!«

Und doch war euch klar, dass Wochen, vielleicht gar Monate vergehen werden, bis es erneut ein Mutter-Tochter-Treffen geben wird.

Aber telefonieren wolltet ihr schon eher!

Liebe Grüße

und bis bald

Die Bahn macht mobil

Wieder einmal zieht es mich in die Schweiz. Und wieder begleite ich den taubblinden Andy. Wenn ich an das Jahr 2004 zurückdenke, an meine erste Reise zu den Eidgenossen, spüre ich heute noch die Aufregung von damals in mir. Acht Jahre ist das jetzt her. Inzwischen liegen fast zehn Reisen hinter mir, und ich bin um einige Erfahrungen reicher.

Doch ich will Sie, liebe Leserinnen und Leser, nicht mit einer langen Vorrede langweilen und beginne einfach mit meiner Geschichte, die sich im Jahr 2012 wie folgt zugetragen hat:

Es war Anfang März und noch recht kalt. So gegen fünfzehn Uhr kam ich mit dem Zug in Zwickau auf dem Hauptbahnhof an. Ich konnte sitzen bleiben. Erst drei Stationen weiter stieg ich aus und lief zum nahegelegenen Wohnheim.

Dort erwartete mich Andy bereits. Stolz präsentierte er mir seine Wohnung. Und stolz konnte er auch sein, denn er hielt die Wohnung ganz allein sauber. Nur das Großreinemachen wurde vom Hauspersonal übernommen. Nach einem gemütlichen Plausch bei einer Tasse Kaffee fuhren wir gemeinsam mit dem Taxi in die Stadt, um dann in eine Gaststätte einzukehren. Bis zur Abfahrt unseres Zuges blieben uns circa drei Stunden. Genug Zeit zum Essen und zum Plaudern.

Kurz vor zwanzig Uhr erreichten wir per Pedes den Zwickauer Bahnhof. Nach Andys Meinung pünktlich genug, obwohl uns nicht mehr viel Zeit bis zum Eintreffen des Zuges blieb.

Plötzlich eine Durchsage. Ich bekam gerade noch die letzten Worte »…Schienenersatzverkehr« mit. Hilfesuchend wandte ich mich an einen jungen Mann, der unmittelbar neben mir stand. Ich fragte ihn: »Entschuldigung, galt die Durchsage eben dem Zug nach Weimar?«

Er sah mich etwas irritiert an und antwortete lapidar: »Das interessiert mich eigentlich nicht, denn ich hole nur jemanden ab.«

›Aha‹, dachte ich und blieb unentschlossen stehen, worüber der Mann sich scheinbar zu wundern schien, denn er drehte sich mit einem Mal zu mir um und fragte: »Na, wollen Sie nun mit dem Bus fahren oder nicht … dann müssen Sie sich aber beeilen, es sind nur noch drei Minuten!«

Drei Minuten? Ich war schlagartig munter. Ohne lange zu überlegen, griff ich nach Andys Hand. Er ließ es widerstandslos geschehen. Eilig folgte ich, mit Andy im Schlepptau, dem fremden Mann, der sich einfach meinen Koffer geschnappt hatte.

Nun ging es die Bahnhofstreppe runter, die nächste wieder rauf und raus aus der Halle. Andy kam einfach mit mir mit. Er vertraute mir. Vor dem Bahnhof wartete bereits der Bus auf uns, oder sollte ich besser sagen: er wartete ›noch‹ auf uns? Der freundliche Mann hatte meinen Koffer in den Bus gestellt und meinte im Vorbeigehen zu mir: »Der wollte gerade losfahren.«

Ich konnte nur ein leises »danke« murmeln, Andy in den Bus schieben und mich dann aufatmend neben ihn setzen. Geschafft!

Wir erreichten in Werdau problemlos den Anschlusszug nach Weimar und kamen in der Goethestadt gegen zweiundzwanzig Uhr an. Die Wartezeit vertrieben wir uns bei Weißbier und Orangensaft in einer nahegelegenen Gaststätte. Eine halbe Stunde nach Mitternacht stiegen wir dann in den Nachtzug Richtung Zürich.

Andy hatte extra für einen Liegewagen Platzkarten besorgt. Doch mir fiel bereits beim Einsteigen auf, dass irgendwas nicht stimmte. Vergeblich suchte ich nach unserer Wagennummer. Als ich mich bei dem Schaffner erkundigte, meinte der lakonisch: »Es tut mir furchtbar leid, uns ist in Berlin ein Fehler passiert.«

»Was für ein Fehler?«, wollte ich wissen.

»Es wurde der verkehrte Wagen angehängt.« Mehr sagte er nicht.

›Das sind ja tolle Aussichten‹, dachte ich, war jedoch viel zu müde, um mich darüber aufzuregen. Immerhin konnten wir samt Gepäck einen leeren Wagen mit aneinandergereihten Sitzen aufsuchen, sodass wir wenigstens eine Liegemöglichkeit hatten. Wir versuchten, etwas zu schlafen. Die Betonung lag auf ›versuchten‹, denn bequem war das nicht. Und wenn ich angenommen hätte, es würde nun nichts mehr passieren, so war das ein Irrtum.

Ich erinnere mich nicht mehr genau, auf welchem Bahnsteig uns der Schaffner offenbarte, dass ausgerechnet der Wagen, in dem wir Zuflucht gesucht hatten, abgehängt werden sollte. Woran ich mich aber erinnere, dass ich nun doch verärgert war und mich fragte: ›Warum wusste er das nicht schon bei unserem Zustieg in Weimar?‹ Letztendlich konnte mich aber nichts mehr erschüttern. Meine Aufgabe bestand jetzt darin, diese prekäre Situation Andy zu erklären. Und zwar schnell. Einem Hörenden konnte man das problemlos plausibel machen. Bei einem taubblinden Menschen war das schon schwieriger. Das ging nur über die Lormsprache. *Wer sich damit auskennt, kann mich verstehen.* Zum Glück waren wir ein eingespieltes Team.

Jetzt gab es nur noch eins: die Jacken anzuziehen, das Gepäck zu schnappen, aus diesem Eisenbahnwagen aus- und daneben wieder einzusteigen – frei nach dem Werbe-Motto: ›Die Bahn macht mobil‹ Jetzt bekamen wir sogar in einem Liegewagen Platz, und ich dachte nur noch ›Was für eine Reise!‹

Zum Glück blieben uns weitere Pannen dieser Art erspart, und wir konnten gelassen einem entspannten Urlaub entgegenfahren …

Meine Reise

Oft führt mich meine Reise in die Schweiz.
Luzern, auch Landschlacht haben ihren Reiz.

Berge hoch und runter kann man laufen
und natürlich leck're Schokolade kaufen.

Viele schöne Kirchen sind zu sehen,
doch das Schwyzerdütsch schwer zu verstehen.

Abends sitzen wir gemütlich dann beim Wein,
von Ferne hört man eine Eule schrei'n.

Doch ist die schöne Urlaubszeit vorbei,
pack ich den Koffer und sage leis: bye, bye!

Hasenbraten mal anders

»Das kannst du nicht machen!«

»Was kann ich nicht machen?«, fragt Erika, während sie mit ihrem Lieblingsmesser das Gemüse schnippelt.

»Du kannst uns doch keinen Hasen vorsetzen – schon gar nicht zu Ostern«, erwidere ich ärgerlich und stelle mich demonstrativ dicht neben meine Schwägerin. Doch sie ignoriert mich. Das kann sie schon immer gut. Wortlos nimmt sie sich die Kelle, öffnet die Ofenklappe und übergießt das Fleisch mit Sauce. Ich bin krebsrot vor Wut. Na warte, denke ich und greife nach dem scharfen Messer. Dieses krampfhaft nach unten haltend verlasse ich die Küche. Im Flur nehme ich meine Jacke vom Haken, um gleich darauf nach draußen zu verschwinden. Das Messer werfe ich hinter den Knallerbsenstrauch, der sich neben dem Gartentürchen befindet.

»Da kann sie lange suchen«, murmle ich grimmig vor mich hin. Ich weiß nämlich, dass Erika dieses Messer als persönliches Geschenk von einem Viersternekoch bekam, als sie vor zwei Jahren bei einer Koch-Show mitgemacht hatte.

Die Jacke zuknöpfend schlage ich den Weg zum See ein. Ich eile über die Gänseblümchenwiese in Richtung Wäldchen. Bevor ich es erreiche, bleibe ich kurz stehen, atme tief durch und drehe mich noch einmal nach dem Haus um. Gott sei Dank folgt mir keiner, denke ich, um dann frohgelaunt meinen Weg fortzusetzen. Vogelgesang begleitet mich und ebbt auch nicht beim Betreten des Waldes ab.

Sonnenstrahlen schieben sich durch die Baumwipfel. Erstaunt halte ich inne. Zögernd bücke ich mich nach einem bunten Osterei. Woher kommt das denn, wundere ich mich. Auch über das Rascheln hinter mir. Irritiert schaue ich mich um, kann aber niemanden sehen. Kopfschüttelnd stecke ich das Ei in meine Jackentasche. Wenige Schritte weiter bemerke ich erneut etwas Buntes, diesmal aber nicht mitten auf dem Weg. Neugierig trete ich etwas nach rechts zwischen die Bäume … und siehe da, hinter dem Stamm einer Fichte entdecke ich einen kleinen Schokoladenhasen. Ich liebe Schokolade, sogar als Hasen. Dafür muss wenigstens kein Tier dran glauben. Mir fällt Erikas Festtagsbraten ein. Aber nur kurz, denn schon kann ich die glitzernde Wasserfläche des Sees durch die Bäume schimmern sehen. Plötzlich überquert ein Hase meinen Weg. Ich springe vor Schreck auf die Seite und wäre fast auf ein großes Schokoladen-Ei getreten. Unwillkürlich muss ich schmunzeln. »Danke, lieber Osterhase«, rufe ich und sehe gerade noch, wie er im Dickicht verschwindet. Mit einem Mal verspüre ich Hunger. Deshalb mache ich kehrt und laufe, so schnell ich kann, zurück.

***

Im ganzen Hause duftet es nach Gebratenem, was meinen Appetit noch mehr anstachelt. So richtig böse bin ich meiner Schwägerin gar nicht mehr, und da kommt sie mir auch schon lächelnd entgegen. Sogleich berichte ich ihr aufgeregt von meinem Erlebnis im Wald. Erika ergreift meine Hand und führt mich ins Wohnzimmer. Ich betrachte die festlich gedeckte Tafel und frage erstaunt: »Sollte es nicht Hasenbraten geben?«

»Sollte es auch«, antwortet Erika. »Aber da ihr Geschwister wie Pech und Schwefel zusammenhaltet«, sie schielt zu Werner, meinem Bruder, »bin ich machtlos. Außerdem habt ihr ja Recht – wir können doch nicht den Osterhasen, der uns so schöne bunte Eier bringt, einfach verspeisen. Auch wenn es sich ›nur‹ um ein Kaninchen handelt. – Sie hält kurz inne, dann spricht sie weiter. – »Und deshalb habe ich mir folgendes überlegt: es gibt Hasenbraten mal anders – ›Falscher Hase‹ vegetarisch … was haltet ihr davon?«

Werner und ich blicken uns vielsagend an, bevor ich mit einem dankbaren Lächeln meiner Schwägerin erwidere: »Duften tut es jedenfalls verführerisch!« Ich umarme Erika und mir fällt das Messer ein. Mein schlechtes Gewissen plagt mich mit einem Mal. Doch dann steigt mir wieder der köstliche Duft in die Nase. Erikas Lieblingsmesser muss warten, denke ich, denn jetzt habe ich wirklich Hunger.

Sichtlich zufrieden setzen wir uns alle drei an den Tisch, um nun den Osterbraten mit Thüringer Klößen und Möhrengemüse zu genießen. Zum Nachtisch spendiere ich das bunte und das große Schokoladen-Osterei aus dem Wald. Für mich aber behalte ich den kleinen Schokoladenhasen, der mir verschmitzt zulächelt … ob ihr mir das glaubt oder nicht.

Rezept Falscher Hase *(vegetarisch*)*

Zutaten:

125 g	Vollkornreis
	Salz, Pfeffer
4	Zwiebeln
3	Knoblauchzehen
5 EL	Öl
2 TL	getrockneter Thymian
400 g	Champignons
	Fett und Semmelbrösel
100 g	Cashewkerne (ungesalzen)
300 g	Wallnüsse
100 g	Parmesan (Stück)
4	Eier (Gr. M)
150 g	Crème fraîche
	gemahlener Koriander
	Rosenpaprika
1 Bund	Suppengrün
1 EL	Tomatenmark
4 EL	Speisestärke
2 EL	Sojasoße

Zubereitung:

Für den Braten:

1. Vollkornreis nach Packungsanweisung in gut ¼ l Salzwasser garen. Dann abkühlen lassen. 2 Zwiebeln und 2 Knoblauchzehen schälen und fein würfeln. 1 EL Öl erhitzen.

2. Zwiebeln, Knoblauch und Thymian darin ca. 10 Minuten in dem Öl dünsten. Abkühlen lassen.

3. Pilze putzen, evtl. kurz waschen, fein hacken. 2 EL Öl in einer großen Pfanne erhitzen. Pilze dann portionsweise anbraten. Mit Salz würzen. So lange weiterbraten, bis die Flüssigkeit verdampft ist. Abkühlen lassen.

4. Ofen vorheizen (E-Herd: 175°C/Umluft: 150°C/Gas: s. Hersteller). Eine Kastenform (ca. 30 cm Länge) fetten und mit Semmelbröseln ausstreuen. Cashewkerne und Wallnüsse grob hacken. Käse reiben.

5. Eier in einer großen Schüssel verquirlen. Reis, Zwiebelmix, Pilze, Nüsse, Parmesan und Crème fraîche zugeben. Alles gut verkneten. Mit Salz, Pfeffer, ½ TL Koriander und 1 TL Paprikapulver würzen. Nussteig in die Form füllen, glattstreichen und im heißen Ofen 50 bis 60 Minuten backen.

Für die Soße:
6. Suppengrün putzen bzw. schälen, waschen und klein schneiden. Rest Zwiebeln und Knoblauch würfeln. 2 EL Öl erhitzen. Suppengrün, Zwiebeln und Knoblauch darin kräftig anbraten. Tomatenmark einrühren und anschwitzen.

7. Mit 1 L Wasser ablöschen, aufkochen und ca. 30 Minuten köcheln.

8. Soße durch ein feines Sieb gießen und aufkochen. Stärke mit 6 EL Wasser verrühren, in die kochende Soße rühren und ca. 5 Minuten köcheln. Mit Sojasoße, Pfeffer und evtl. Salz abschmecken.

Anrichten:

Braten herausnehmen und ca. 10 Minuten in der Form ruhen lassen. Dann stürzen und mit der Soße servieren. Dazu geröstete Kartoffeln und Möhren.

Tipp: Auch Kartoffelklöße passen sehr gut zum Gericht.

Guten Appetit!

* http://www.lecker.de

Ein Hauch von Lavendel

Martin radelte durchs Dorf, wie jeden Tag um die Mittagszeit. Seit ihn seine Frau vor sechs Monaten verlassen hatte, aß er immer in der Dorfgaststätte zu Mittag. Gekocht hatte er nämlich noch nie. »Da habe ich zwei linke Hände«, hatte er immer gesagt. Hätte er die ›zwei linken Hände‹ nur beim Kochen gehabt, wäre das für seine Frau kein Thema gewesen. Kochte sie doch leidenschaftlich gerne. Aber Martin kümmerte sich um überhaupt nichts. Weder um den Garten, noch um die Gänse. Auch das Schlachten der Tiere überließ er seiner Frau. Er saß lieber von früh bis spät vor dem Fernseher. Nach sieben Ehejahren hatte Anna die Nase voll, und sie stellte ihrem Göttergatten ein Ultimatum: »Entweder kümmerst du dich in Zukunft um den Garten, oder ich verlasse dich!« Doch Martin schien auf beiden Ohren taub zu sein. So geschah es, dass Anna plötzlich wie vom Erdboden verschluckt war. Das hatte zur Folge, dass Martin sich von heut auf morgen um alles allein kümmern musste. Das war für ihn eine große Bürde. Außerdem herrschte Sommer, und es gab viel zu tun. Martin jedoch hatte keine Ahnung von Gartenarbeit. Deshalb musste er sich etwas überlegen. – Wo sich früher Gemüsebeete befanden, entstand eine große Wiese. Die Obstplantage zu pflegen fiel Martin nicht schwer. Es machte ihm sogar Spaß. Mit den Äpfeln hatte er kaum Arbeit. Nach der Ernte ließ er sie zu Saft verarbeiten. Und Blumen gab es jetzt mehr denn je. Martin hatte plötzlich sein Faible für die bunte Pracht entdeckt. Die Gänse verkaufte er, denn schlachten kam für ihn nicht infrage. Nicht, weil er es nicht konnte, sondern weil ihm die Tiere leidtaten. Lag jedoch ein solches gebraten auf seinem Teller, hielt sich sein Mitleid in Grenzen. Eine Gans behielt er aber. Sie bekam sogar einen Namen. Martin benannte sie nach seiner Frau, weil er ihr noch immer hinterher trauerte.

Viel zu gerne wüsste er, wo sie sich jetzt gerade aufhielt.

Kaum hatte er den Gasthof erreicht, stellte er das Fahrrad ab und wurde auch schon von Otto, dem Wirt, herzlich empfangen.

»Komm herein, mein Freund, du wirst bereits sehnsüchtig erwartet.« Überrascht sah Martin den Wirt an. Langsam folgte er ihm in die Gaststube. An einer langen Tafel, die mit einem weißen Tischtuch, Blumen und brennenden Kerzen eingedeckt war, saßen bereits acht Gäste. Dass heute kein gewöhnlicher Tag war, wusste Martin. Denn wie in jedem Jahr am 11. November fand das traditionelle Martins-gans-Essen statt. Nur wunderte er sich, dass er schon erwartet wurde – auch noch sehnsüchtig? Dabei kannte er keinen der Gäste. Er kam aber nicht zum Nachdenken. Otto schob ihn einfach weiter bis zum Tisch, raunte ihm ins Ohr: „Nimm bitte Platz" und verschwand in der Küche. Bevor sich Martin setzte, nickte er den Gästen zur Begrüßung kurz zu. Erwartungsvoll schaute er zur Tür, aus der jeden Augenblick der Kellner mit dem Essen kommen würde. Vorher hielt Otto noch eine kleine Ansprache:

»Liebe Gäste, ich begrüße Sie herzlich zu unserem Traditionellen Martinsgans-Essen. Diesmal ist es nicht irgendeine Gans, diesmal ist es eine besondere Gans. Es heißt schließlich nicht umsonst Martinsgans.«

Otto wandte sich mit einem breiten Grinsen an Martin: »Habe ich Recht, mein Freund?«

Martin blinzelte kurz, dann blickte er Otto irritiert an und fragte aufgebracht: »Was willst du damit sagen?«

Er erhielt aber keine Antwort. Just in dem Moment erschien der Kellner mit dem 1. Gang des Menüs. Der Wirt wünschte seinen Gästen noch einen guten Appetit, bevor er den Raum verließ.

Es schien allen zu schmecken.

Nur Martin grübelte vor sich hin und kostete nur einen einzigen Löffel voll von der Kürbissuppe, die ihm unter normalen Umständen sehr gut geschmeckt hätte. Doch ihm gingen Ottos Worte ›diesmal ist es eine besondere Gans‹ nicht aus dem Kopf.

Was meinte er nur damit?

Nach der Vorspeise, die von allen Seiten in den höchsten Tönen gelobt wurde, hielt es der Wirt für angebracht, wieder ein paar Worte sagen zu müssen:

»Liebe Gäste, ich hoffe, es hat Ihnen geschmeckt?«

Dabei sah er jeden einzelnen Gast an, bevor er weitersprach:

»Ihre zufriedenen Gesichter beantworten mir meine Frage. Danke. Ich werde es an die Küche weiterleiten. Aber nun kommen wir zum Hauptgang. Ja, es gibt Gans, wie jedes Jahr. Mit Rotkohl und mit Klößen. Nur, dass das Menü diesmal einen besonderen Namen hat. Doch lassen Sie sich überraschen. Jetzt erst einmal Guten Appetit.«

Martin erstarrte, als der Kellner ihm den Teller hinstellte, sich zu ihm herunterbeugte und sagte: »Lassen Sie sich die Martins Gans ›ANNA‹ gut schmecken«.

Wohin Martin auch schaute, keiner der Gäste beachtete ihn. Sie waren alle mit dem Essen beschäftigt. Nur das Klappern des Bestecks war zu hören. Ihm aber war schlagartig der Appetit vergangen.

Seine Gedanken fuhren Achterbahn – *Ich esse doch nicht meine eigene Gans! Ist Otto denn von allen guten Geistern verlassen! Wie ist er überhaupt an meine Anna gekommen? Gefragt hat er mich nicht. Kann mich jedenfalls nicht erinnern …*

Martin schüttelte ratlos den Kopf.

»Na, schmeckt es dir gar nicht?«, hörte er auf einmal eine bekannte Stimme hinter sich sagen. Ruckartig drehte sich Martin um.

»Anna!« Mehr brachte er nicht hervor.

Dann schaute er wieder auf seinen Teller und murmelte traurig:

»Warum tust du mir das an und schlachtest meine einzige Erinnerung an dich?«

Jetzt musste seine Frau lachen. »Martin, was denkst du von mir. Der hier servierte Braten hat absolut nichts mit deiner Gans zu tun, der du auch noch meinen Namen gegeben hast.«

»Nicht? Da bin ich aber froh – woher weißt du …?«

»Falls es dich interessieren sollte«, sprach sie unbeirrt weiter, »ich war die ganze Zeit in deiner Nähe. Ich habe hier als Köchin gearbeitet. Eigentlich hättest du es am Geschmack merken müssen. Nur ich nehme für jedes Essen einen Hauch von Lavendel … und gewohnt hatte ich bei meiner Freundin. Es war gar nicht so leicht, nicht von dir entdeckt zu werden. Zum Glück warst du mit dem Garten beschäftigt. Den überlasse ich dir auch weiterhin.« Mit diesen Worten setzte sich Anna zu Martin an den Tisch. Erst jetzt fiel ihm auf, dass neben ihm noch ein Platz frei war. Sichtlich zufrieden fragte Martin: »Und, Anna, kommst du wieder zu mir nach Hause?« Sie nickte.

Da brachte der Kellner einen weiteren Teller und platzierte ihn vor Martins Frau. Bevor sie aber zu essen begann, hob sie ganz kurz die rechte Hand. Auf dieses Zeichen hatte Otto gewartet.

Im nächsten Augenblick ging die Tür auf. Anna, die Gans, kam laut schnatternd hereingewatschelt. Martin lächelte seine Frau an und gab ihr einen Kuss, bevor er nach seinem Besteck griff.

Lavendelhochzeit

Lavendelhochzeit nennt es sich
nach ›sechsundvierzig‹ Ehejahren,
die manchmal zwar recht abenteuerlich
und trotzdem glücklich waren.

Geliebt, gestritten und vertragen,
so ging es auf und ab im Leben.
An guten und an schlechten Tagen –
Ein Nehmen und ein Geben.

Weihnachtsmann-Papa

Die fünfjährige Maria steht auf einer Fußbank und schaut traurig zum Fenster hinaus. Eine Träne rollt über ihr Gesicht. Ihr Blick fällt auf die Straße, auf der kaum noch Autos zu sehen sind. Auch die Bürgersteige sind wie leergefegt. Es ist der 24. Dezember. Im Licht der Straßenlaternen sieht die kleine Maria Flocken tanzen. Seit gestern schneit es. Normalerweise würde sie sich darüber freuen. Sie würde mit ihrem Papa rodeln gehen oder mit ihm den Weihnachtsbaum schmücken. Doch ihr heiß geliebter Papa ist nicht da. Ausgerechnet heute hat er im Krankenhaus Nachtdienst. Das findet Maria richtig gemein. Zornig springt sie von der Fußbank und rennt zur Mutter in die Küche. „Mama, wird der Papa wenigstens zu Hause sein, wenn der Weihnachtsmann kommt?", fragt sie aufgeregt. »Der Papa hat Dienst, mein Schatz, das weißt du doch – aber jetzt hilf mir bitte, den Tisch zu decken.«

Maria denkt gar nicht daran. Im Gegenteil, sie rennt trotzig in ihr Kinderzimmer, wirft sich aufs Bett und weint. Das macht sie immer, wenn ihr etwas gegen den Strich geht.

Das Verhalten ihrer Tochter ignorierend, bringt die Mutter eine große Schüssel Kartoffelsalat in das Wohnzimmer. Sie ist gerade wieder im Begriff, in die Küche zu gehen, als es Sturm klingelt. Schnell legt sie die Schürze ab und öffnet.

»Ho, ho, ho, wohnt hier vielleicht die kleine Maria!?«

Herein kommt ein großer Mann mit rotem Mantel und einem Rauschebart. Er hat einen großen Sack dabei, den er im Korridor abstellt. Dann wendet er sich noch einmal zur Tür und holt einen geschmückten Weihnachtsbaum herein. Die Mutter nimmt den Baum und stellt ihn in der Stube vor das Fenster. Von dem Krach angelockt, lugt Maria neugierig hinter der Kinderzimmertür hervor. Der Weihnachtsmann hat sie schon entdeckt, und er fragt: »Na mein Kind, warst du denn immer schön artig? Und kannst du vielleicht ein Gedicht aufsagen?«

Maria nickt und antwortet etwas spitzbübisch: »Und wie artig ich immer war, lieber Weihnachtsmann und … ja, ein Gedicht kann ich aufsagen.« Maria stellt sich breitbeinig vor den Weihnachtsmann hin und legt los:

»Lieber, lieber Weihnachtsmann,
du hast Papas Stiefel an.
Auch die Brille kenne ich –
fast wie Papa, meinst du nicht?
Dabei hat er Dienst heut Nacht,
aber er genauso lacht
      wie du …
Endlich, endlich bist du da,
lieber Weihnachtsmann-Papa!«

Da können die Eltern nicht mehr an sich halten und müssen laut lachen. Maria aber springt dem Weihnachtsmann in die Arme und strahlt vor Glück. Die Bescherung kann beginnen.

Das Fest der Liebe

Zu Weihnachten, dem Fest der Liebe,
gehört ein Weihnachtsbaum.
Egal, ob künstliche, ob echte Triebe,
geschmückt ist er ein einz'ger Traum.
Lametta, Kugeln und echte Kerzen
lassen sie höherschlagen –
die Kinder- und Erwachsenenherzen,
und so mancher Kummer ist leichter zu ertragen.

Nächtliches Fußballspiel

»Warum humpelt deine Mutter?«, fragt mich meine Freundin, während sie sich das größte Stück Streuselkuchen vom Teller angelt. Ich sehe sie von der Seite an und antworte leicht amüsiert: »Meine Mutter humpelt schon gar nicht mehr. Da hättest du sie vorgestern mal sehen sollen.«

Jetzt nehme ich mir auch ein Stückchen Kuchen. Erstaunt sieht mich Martina an. »Irgendwie machst du mich neugierig. Los, erzähle! Was ist geschehen?« Sie beißt genüsslich in ihr Lieblingsgebäck, ohne mich aus den Augen zu lassen.

Ich fange an zu kichern. »Das kannst du dir nicht vorstellen, was meiner unsportlichen Mutter passiert ist. Und das nicht etwa tagsüber, sondern mitten in der Nacht, wenn andere Leute schlafen.«

Meiner Freundin fällt fast der Bissen aus dem Mund, und sie schiebt ihren Kuchenteller energisch von sich weg. Dann beugt sie sich mit weit aufgerissenen Augen über den Tisch. »Nun mach es nicht so spannend. Du weißt, ich platze gleich vor Neugierde!«

»Aaaalso, pass auf ...«, beginne ich langsam zu erzählen, lehne mich auf meinem Stuhl zurück und verschränke die Arme. Mir ist klar, dass Martina mir am liebsten den Hals umdrehen würde – aber da muss sie jetzt durch. Ihre bösen Blicke ignorierend lasse ich sie noch ein wenig zappeln, bevor ich weiterrede: »Meine Mutter hatte mit Fußball noch nie etwas am ›Hut‹, wie du bestimmt weißt, und ausgerechnet sie träumte davon. So stand sie im Tor und holte mit dem rechten Fuß aus, um den gegnerischen Ball abzuwehren. Dabei hatte sie so viel Schwung, dass sie mit der großen Zehe die harte Wand hinter dem Kopfende ihres Bettes traf ... schwupps, war ihre Zehe gebrochen.«

Martina ruft entsetzt: »Das war aber alles nur ein Traum?!«

Ich schüttle den Kopf. »Leider nein. Ihre Zehe war tatsächlich gebrochen, nur das Fußballspiel fand in ihrem Traum statt.«

Nun muss auch Martina lachen. In dem Moment bringt meine Mutter einen zweiten Teller mit Gebäck und lässt uns auch gleich wieder allein. »Sie humpelt wirklich kaum noch«, raunt mir Martina zu und gönnt sich ihr drittes Stück Kuchen.

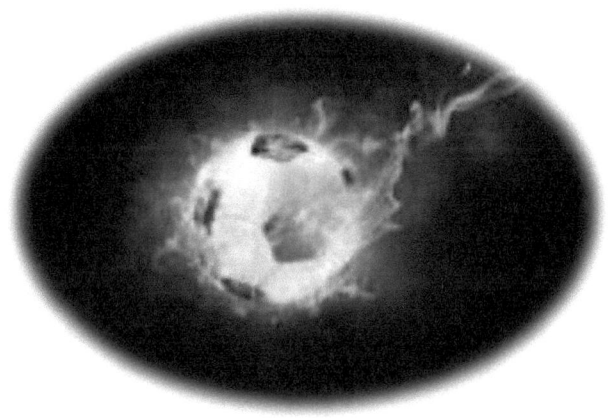

Ein wahrer Engel

Mathilda seufzt vor sich hin, während sie traurig zum Fenster hinausblickt. Schwester Ursel hatte ihr vor zehn Minuten den alten und abgewetzten Plüschsessel so hingestellt, dass sie den ganzen Park überblicken kann. »Frau Lehmann, nun können Sie genau den Eingang beobachten und sehen, wenn Ihre Tochter kommt«, sagte sie mit einem freundlichen Lächeln, bevor sie den Raum verließ. Schwester Ursel ist gerademal dreißig und hat erst vor kurzem in dem Alten- und Pflegeheim, welches Mathilda nun schon seit zwei Jahren bewohnt, als Pflegekraft begonnen. Es ist ihre erste Arbeitsstelle nach der Umschulung zur Altenpflegerin. Der Umgang mit den alten Menschen fällt ihr nicht schwer. Diese Tätigkeit macht ihr genauso viel Freude, wie zuvor mit den Kindern. Mathilda erinnert sich noch sehr gut daran, als Schwester Ursel gleich an ihrem ersten Arbeitstag davon berichtete. Warum sie allerdings nicht mehr in dem Kindergarten arbeitet, hat sie nicht erwähnt. Mathilda mag diese junge Schwester. Einmal, weil sie unheimlich nett ist, aber auch, weil sie sie an ihre Tochter erinnert. Wieder seufzt die siebzigjährige Frau, denn nur sie weiß, dass Karin, ihr einziges Kind, auch in diesem Jahr zu Weihnachten nicht kommen kann. Mathildas Augen werden feucht, als sie an den 23. Dezember vor zwei Jahren zurückdenkt …

An jenem Tag vor Heiligabend kam Karin ganz aufgeregt nach Hause. Sie stürmte freudestrahlend in die Küche und umarmte ihre Mutter, die am Herd hantierte, um den Weihnachtsbraten vorzubereiten.

»Nicht so stürmisch«, rief die Mutter, ohne sich beim Kochen stören zu lassen.

»Lass doch mal die Kocherei«, maulte Karin und zog eine Schnute, wie sie es schon als Kind immer tat. Dabei war sie mit ihren achtundzwanzig Jahren absolut kein Kind mehr. Mathilda musste lachen, wischte sich die Hände an der Schürze ab und setzte sich zu ihrer Tochter an den Tisch.

»Nun erzähle schon – was gibt es so Wichtiges?«

»Mama, stell dir vor, ich bekomme ein Stipendium für Amerika, um dort mein Medizinstudium zu beenden.«

Mathilda stellte es sich vor – sie sah ihre Tochter entsetzt an und wurde zusehends kreideweiß im Gesicht. Dann rief sie: *»Was willst du in Amerika? Das ist so weit weg. Du weißt, dass ich dich hier brauche, hier bei mir. Denk an mein Herz!«*

»Gerade, weil ich an dein Herz denke, muss ich in Boston mein Studium fortsetzen – außerdem gibt es Flugzeuge. Ich kann ganz schnell hier bei dir sein«, erwiderte Karin und legte, um die Mutter zu beruhigen, ihre Hand auf Mathildas Arm. Doch diese wehrte unwirsch Karins Hand ab. Sie japste plötzlich nach Luft, fasste an ihr Herz und fiel vom Stuhl. Alles, was danach geschah, erfuhr Mathilda nur aus Erzählungen ihrer Tochter. Damit Karin trotz des Schwächeanfalls ihrer Mutter, wie sich glücklicherweise herausstellte, ihr Studium in Amerika aufnehmen konnte, suchte sie nach einer Lösung. Letztendlich bestand diese nur in einem Heimplatz. Am Rande von Dresden wurde sie dann fündig …

Von lautem Klopfen wird Mathilda aus ihren Gedanken gerissen. Sie wendet ihren Blick zur Zimmertür und hält unwillkürlich die Luft an. Da klopft es noch einmal. Mathilda räuspert sich kurz und sagt dann mit zittriger Stimme: »Herein!« Die Klinke bewegt sich langsam nach unten, bis sich schließlich die Tür einen Spalt breit öffnet und Schwester Ursel erscheint. Die alte Frau schaut ihr enttäuscht entgegen. Wen hatte sie denn auch erwartet? Von der Schwester wird ein großes Tablett durch das Zimmer balanciert und mitten auf den Esstisch gestellt. Mathilda erhebt sich schwerfällig aus ihrem Sessel. Dabei dreht sie der Tür den Rücken zu. Die Schwester hilft ihr, sich an den Tisch zu setzen. Nachdenklich betrachtet Mathilda die zwei Gedecke, bevor sie fragt: »Leisten Sie mir heute Gesellschaft, Schwester Ursel?« Doch die junge Frau antwortet, während sie bereits zur Tür geht: »Nein, leider nicht«. Da hört Mathilda eine ihr vertraute Stimme sagen: »Aber ich, Mama, ich leiste dir gerne Gesellschaft«, und schon schlingen sich von hinten zwei Arme um den Hals der Mutter. Mathilda schaut sich um und fragt unter Tränen: »Mädel, wo kommst du denn her? Ich dachte

…«, sie stockt, blickt zuerst ihre Tochter und dann Schwester Ursel an, die noch immer lächelnd in der Tür steht. »Das habe ich doch bestimmt Ihnen zu verdanken, liebe Schwester?«, fragt Mathilda und fügt mit strahlenden Augen hinzu, »danke, Sie sind ein wahrer Engel!«

Komm mit in meine Apotheke

»Hast du auch Hunger?«

»Und wie – wo kann man denn hier ein vernünftiges Essen bekommen?«, fragt Johanna und sieht sich suchend um.

»Komm«, antwortet Monika, während sie zielsicher ihre Schritte in eine kleine Gasse lenkt, von denen es in dieser Stadt ganz viele gibt. Johanna folgt ihrer Cousine, die plötzlich stehenbleibt und auf eine Tür zeigt. »Hier bekommen wir das beste Essen von Bautzen. In diese Gaststätte bin ich schon früher gerne gegangen. Wollen wir?«

Sie haben Glück, die letzten zwei Plätze zu ergattern. Kein Wunder, denn um die Mittagszeit herrscht Hochbetrieb in den Gaststätten der über tausendjährigen Stadt. Eine junge Kellnerin bringt ihnen auch schon die Karte und kurz darauf die bestellten Getränke. Monika genießt ihren obligatorischen Orangensaft und Johanna ihr Glas Rotwein. Eine Weile sitzen sie schweigend da, bis Johanna, die ältere von beiden, fragt: »Ist Bautzen noch so wie damals, als du von hier fortgegangen bist?«

Monika sieht Johanna nachdenklich an, bevor sie antwortet. »Vor dreißig Jahren sah es hier noch ganz anders aus. Die Altstadt hat sich dermaßen verändert, dass ich manches kaum wiedererkenne. Und das meine ich im positiven Sinne. Das fade Grau der Häuser ist hinter farbigen Anstrichen verschwunden. Wenn ich nur an die Reichenstraße denke – an den schönen Boulevard mit seinen denkmahlgeschützten Häusern und deren wunderschönen Fassaden – und sicher erinnerst du dich an den Reichenturm – du weißt, der schiefe Turm, den wir vorhin bestiegen haben? – Natürlich erinnerst du dich, und auch an die Schlossstraße mit der Stadtbibliothek und den vielen kleinen gemütlichen Restaurants – ach, ich bin so begeistert von Bautzen. Kannst du dir das vorstellen?«

Johanna, angesteckt von der Euphorie ihrer Cousine, nickt eifrig und sagt lachend: »Und ob ich mir das vorstellen kann. Du schwärmst ja in den höchsten Tönen von Bautzen. Mir gefällt deine Heimatstadt auch sehr gut. Darauf trinken wir, Cousinchen.« Sie erhebt ihr Glas und prostet Monika zu. In dem Augenblick kommt die Kellnerin. Die beiden Frauen geben ihre Bestellung auf.

Um halb zwei verlassen sie das noch immer volle Lokal. »Lass uns zum Kornmarktcenter gehen«, meint Monika. Sie bleibt kurz stehen, sieht Johanna an und fragt: »Wolltest du nicht eine Kleinigkeit für deine Zwillings-Enkelkinder besorgen?«

Johanna nickt.

»Das will ich allerdings. Hannah und Anna wünschen sich ein ganz bestimmtes Buch – ›Erkennungszeichen Safttüte‹, wenn ich mich nicht irre.«

»Davon habe ich schon gehört, ein Kinderkrimi. Den werden wir bestimmt bei Thalia finden«, sagt Monika und während sie weiterspricht, läuft sie bereits über die Straße. Als sie keine Antwort erhält, schaut sie sich nach ihrer Cousine um. »Wo bleibst du denn? Du bist vielleicht langsam heu…« Ihr bleibt das Wort im Munde stecken. Johanna steht noch immer auf der anderen Straßenseite und hält sich mit beiden Händen krampfhaft an der Hauswand fest. Monika macht eine Kehrtwende, lässt das herannahende Auto vorbei und überquert eilig die Straße. »Um Himmelswillen – was ist denn los?«, ruft sie entsetzt und ergreift auch schon Johannas Arm, so dass diese sich an Monika abstützen kann. »Komm, lass uns zu einem Arzt gehen, ich weiß einen in der Nähe.«

Johanna geht ohne Widerstand mit. Sie murmelt nur: »Man, ist mir schlecht!«

Sie gehen gemeinsam am Einkaufscenter vorbei, laufen durch die Seminarstraße und erreichen die Goschwitzstraße. »Hier müsste irgendwo ein Arzt sein. Hab's doch in dem kleinen Info Heft unseres Hotels gelesen«, murmelt Monika vor sich hin.

»Aaa«, stöhnt Johanna plötzlich auf. Sie wird immer langsamer und bleibt schließlich stehen. Dabei fasst sie sich ans Herz.

»Hier ist es schon«, sagt Monika erleichtert. »Nun wird alles gut, komm meine Liebe.«

**

»Versprechen Sie mir bitte, gleich nach Ihrer Rückkehr in Köln Ihren Hausarzt aufzusuchen!«, sagt die Ärztin, während sie ihren Namen auf das Rezept kritzelt. Dann sieht sie Johanna halb ernst, halb lächelnd an. »Und wenn Sie das nächste Mal verreisen, lassen Sie Ihre Herztabletten nicht wieder auf dem Bett liegen.«

»Versprochen«, flüstert Johanna, ohne die Ärztin anzusehen. Langsam kehrt etwas Farbe in ihr Gesicht zurück. Sie steckt das Rezept in ihre Handtasche, erhebt sich und reicht der Ärztin die Hand.

»Die Wirkung der Spritze hält circa vier Stunden an«, meint diese noch beim Abschied, »und denken Sie bitte an meine Worte.« Johanna nickt und läuft vor Verlegenheit rot an. Sie hat es plötzlich eilig und verlässt das Sprechzimmer, dicht gefolgt von Monika. Kaum draußen hakt sich Monika bei Johanna unter und fragt: »Wohin nun?«

»Das frag ich dich, meine Stadtführerin«, antwortet Johanna und stutzt: »Wo ist hier die nächste Apotheke?«

»Hm, lass mich mal überlegen … ja, genau … komm mit in meine Apotheke!«

»Deine Apotheke? – Wusste gar nicht, dass du eine Apotheke hast!«, wundert sich Johanna kopfschüttelnd.

Monika winkt energisch ab und läuft auch schon los. Dank der Spritze hat Johanna keine Schwierigkeiten, mit ihrer sportlichen Cousine Schritt zu halten.

»Schau mal, Johanna, dort leuchtet schon das goldene Logo von der Goethe-Apotheke.«

»Ja, das sehe ich jetzt auch.«

»Gib mir am besten dein Rezept – vielleicht ist noch eine Apothekerin von damals da, die ich womöglich kenne.«

»Wenn du meinst«, murmelt Johanna und angelt das Rezept aus ihrer Tasche. Monika schnappt es sich und öffnet auch schon die Tür. Sie tritt, ohne sich umzuschauen, an den Tresen und sagt: »Ich möchte gerne diese Pillen!« Gleichzeitig schiebt sie das Rezept über die Verkaufsfläche.

Die junge Frau mit den langen blonden Haaren wirft einen kurzen Blick darauf, ohne ein Wort zu sagen.

Johanna rammt ihrer Cousine den Ellenbogen in die Seite und flüstert: »Ist das hier wirklich eine Apotheke?«

»Natürlich ist das eine Apotheke. Was soll es denn sonst sein?«, nuschelt Monika und zeigt auf die historischen dunklen Regale und Schubkästchen an der Wand gegenüber. Dabei sieht sie Johanna mit ernster Miene von der Seite an und fügt hinzu: »Hier hat sich überhaupt nichts verändert!«

»Ich dachte ja nur, weil hier eingedeckte Tische stehen.«

»Quatsch – eingedeckte Tische!«, protestiert Monika und wirft einen raschen Blick nach links über ihre Schulter. Sie erschrickt.

Jetzt räuspert sich die blonde Frau hinter dem Tresen und tritt hervor. Sie reicht zuerst Johanna dann Monika die Hand, der sie auch das Rezept zurückgibt. »Mein Name ist Schneider, und ich bin hier die Hotelleiterin … wollen Sie sich vielleicht einen Moment setzen?«, fragt sie freundlich und steuert auch schon auf einen der kleinen Tische zu. Das Erstaunen in Monikas Gesicht hält noch eine Weile an. Erst, als sie von Frau Schneider erfahren, dass es die Apotheke nur bis 2015 in seiner ursprünglichen Form gab, vom IC Team erworben und nach langer Planungsphase schließlich unter Berücksichtigung des Denkmahlschutzes saniert wurde, glättet sich ihre Miene. Und als Frau Schneider erwähnt, dass am 02. März 2019 die ›Birthday-Party – 1 Jahr MOMENTS‹ stattfindet, strahlt sie übers ganze Gesicht. »Das ist ja schon übermorgen«, ruft sie begeistert aus.

»Ganz genau«, bestätigt Frau Schneider, »und ich lade Sie beide ganz herzlich dazu ein. Aber jetzt genießen Sie doch erst einmal einen Kaffee.« In dem Moment bringt eine Kellnerin zwei Tassen an den Tisch. Monika nickt der Bedienung dankbar zu und gießt etwas Sahne in ihren Kaffee.

Auch Johanna scheint sich über die Einladung zu freuen. Während sie sich zwei Stück Würfelzucker in ihre Tasse wirft, meint sie lächelnd zur Hotelleiterin: »Dabei wollten wir nur in die Apotheke, um mein Rezept einzulösen, und was passiert? Wir bekommen in der Apotheke einen Kaffee und nun dürfen wir sogar den ersten Geburtstag dieses tollen Hauses mitfeiern. Ganz herzlichen Dank Frau … Schneider.«

Diese erhebt sich jetzt und sagt: »Sehr gerne. Es war mir ein Vergnügen, mit Ihnen zu plaudern, aber jetzt ruft die Pflicht. Genießen Sie in Ruhe Ihren Kaffee und dann sehen wir uns am Samstag – ach ja, eine Apotheke finden Sie im Kornmarkt-Center, gleich um die Ecke.«

»Danke und auf Wiedersehen«, rufen die zwei Frauen gleichzeitig.

Eine halbe Stunde später verlassen sie das Restaurant. Angeregt plaudernd schlagen sie den Weg zum Center ein, in dem sie auch gleich die Apotheke entdecken.

»Wolltest du nicht einen Kinderkrimi für Anna und Hannah besorgen?«, erinnert Monika ihre Cousine, während diese ihre Tabletten in der Handtasche verstaut.

»Ja, genau«, antwortet Johanna und hängt sich die Tasche über die Schulter. »Außerdem werde ich mir noch ein Buch über Bautzen kaufen.«

»Gute Idee«, meint Monika, »ich vielleicht auch, denn Bautzen hat sich in den letzten Jahren zu einer wunderschönen Stadt entwickelt, und sogar ich, als gebürtige Bautznerin, kenne vieles noch nicht.« Sie legt einen Arm um Johanna und sagt verschmitzt: »Dann komm und lass uns die Rolltreppe erklimmen.«

83

Sie bekommen bei Thalia das gewünschte Buch für die Zwillinge und sogar ein Bautzen-Buch für Johanna. Monika hat sich dann eher für ein Oberlausitz-Buch in Mundart entschieden.

»Das passt wunderbar in meine große Mundart-Sammlung«, sagt sie augenzwinkernd zu Johanna, »und dein Buch kann ich mir ja mal ausleihen.«

Kaum haben die beiden Frauen den Buchladen verlassen, bummeln sie gemütlich durch die vielen kleinen Geschäfte des Centers, nicht ohne das eine oder andere Kleidungsstück anzuprobieren, und letztendlich doch nichts zu kaufen. Als krönenden Abschluss dieses Tages gönnt sich jede von ihnen einen großen Eisbecher im ›Eis Café Italia‹.

»Ich liebe echtes Italienisches Eis, wie du weißt«, sagt Johanna und schiebt sich genüsslich einen Löffel Schlagsahne in den Mund.

Als Johanna und Monika endlich in ihrem Hotel ankommen, ist es schon recht spät. Glücklich und zufrieden blicken sie auf einen erlebnisreichen Tag zurück, auch wenn sie total müde ins Bett sinken.

Bevor Monika das Nachtlicht löscht, sagt sie: »Weißt Du Johanna, bei unserem nächsten Bautzenbesuch übernachten wir gleich im ›MOMENTS-Hotel‹ – Frau Schneider gab mir ihren Kulinarischen Kalender mit, wirklich sehr interessant – Johanna – hörst du?«

»Ja, ja.«

»Na gut, heute wird das nichts mehr. Dann schauen wir uns den Kalender morgen an, ja?«

»Hmmm. Gute Nacht.«

»Gute Nacht, meine Liebe«, sagt Monika und knipst das Licht aus. Dann beugt sie sich zu Johanna rüber und flüstert: »Freuen wir uns erst einmal auf Samstag auf eine tolle Geburtstagsfeier im ›Café Wolfgangs‹, bevor wir neue Pläne schmieden …«

Blumento-Pferde

Adrians Mutter Erika wuselt emsig im Garten umher. Gott sei Dank scheint heute die Sonne, nachdem es drei Tage geregnet hat. Erika ist gerade dabei, die letzten fünf von zwanzig Pflanzen umzutopfen. Das hat sie sich schon lange vorgenommen und zwei Sack Blumenerde bereits verbraucht, die nun leer neben ihr liegen. Sie stutzt – geht in den Schuppen und ruft: »Adrian, komm doch bitte mal! «

»Ja Mama, was ist?«

»Mein Schatz, geh' doch bitte in den Laden nach nebenan und bringe mir so schöne schwarze Blumentopferde, wie ich sie hier schon verwendet habe«, dabei zeigt die Mutter auf die fertigen Blumentöpfe, die in Reih und Glied vor ihnen auf der Terrasse stehen. »Hier hast du Geld. Das müsste reichen. «

Adrian nickt beflissen und will sich auf den Weg machen. Aber die Mutter hält ihren Sohn am Arm zurück und meint lächelnd: »Wirst du dir das auch merken – B-l-u-m-e-n-t-o-p-f-e-r-d-e? Es ist ein sehr langes Wort? «

»Mama, ich bin kein Baby mehr. Natürlich merke ich mir das Wort! «, antwortet ihr Sprössling empört. Liebevoll streicht die Mutter über Adrians Kopf und sagt schmunzelnd: »Schon gut. Also bis gleich.«

Ein Wägelchen hinter sich herziehend hüpft Adrian davon. Damit er das lange Wort nicht vergisst, spricht er es auf seinem Weg zum Laden immer wieder vor sich hin … Blumentopferde … Blumentopferde … Blumento…, er weicht einer Pfütze aus, dann spricht er weiter …pferde, äääh … Blumento-pferde …

Als der Bub am Laden ankommt, atmet er noch einmal durch und sagt zum letzten Mal: »B-l-u-m-e-n-t-o-p-f-e-r-d-e. « Dann drückt er die Klinke herunter und betritt den Laden. Sein Gruß wird nicht erwidert, denn der Verkäufer unterhält sich gerade angeregt mit einem Kunden. Na gut, denkt Adrian und sieht sich etwas in dem Laden um.

Oh, so schöne Gartenzwerge, freut er sich. Einen Zwerg beäugt er besonders, und er geht dafür ganz dicht an ihn heran. Verwundert schüttelt er den Kopf, denn es kommt ihm so vor, als würde ihm der Zwerg mit der roten Zipfelmütze und der weißen Schürze zuzwinkern. Aber geh, das kann nicht sein – doch, jetzt wieder. Und was ist das auf seiner Schürze? Sieht fast aus wie ein Pferd. Adrian ist so sehr mit dem Gartenzwerg beschäftigt, dass er gar nicht mitbekommt, wie der Kunde den Laden verlässt.

»Na, kleiner Mann, dir gefällt wohl dieser Zwerg? «

Adrian erschrickt, und er sieht den Verkäufer eine Weile erstaunt an, bevor er leise antwortet:

»Ich möchte schöne schwarze Blumento-Pferde. «

Jetzt ist es am Verkäufer, erstaunt dreinzuschauen. Er stützt sich mit beiden Armen am Verkaufstresen ab, überlegt mit schräg gehaltenem Kopf und sagt schließlich:

»Also Pferde haben wir hier nicht. «

»Doch, Blumento-Pferde müssen Sie haben. «

Der Verkäufer schüttelt den Kopf. »Was ist das denn für eine Rasse? Blumento-Pferde – von der habe ich ja noch nie gehört. «

Adrian rauft sich vor Verzweiflung die Haare. Wo ist er hier nur hingeraten? Ist das auch der richtige Laden? Er startet noch einen Versuch und sagt mit energischer Kinderstimme:

»Meine Mutter hat mich extra zu Ihnen in diesen Laden geschickt, und ich soll ihr«, er holt tief Luft und wiederholt ganz langsam und deutlich »Blumento-Pferde mitbringen. «

Der Verkäufer ist völlig ratlos. Er kommt jetzt hinterm Tresen hervor, beugt sich zu dem Jungen etwas herunter und sieht ihn fragend an. Dabei stößt er den Gartenzwerg, der Adrian so gefallen hat, polternd um. Erschrocken springen beide zur Seite. Da starrt Adrian auf einen Sack, der wohl die ganze Zeit hinter dem Gartenzwerg gelegen hat. Er zeigt mit dem Finger darauf und sagt aufgeregt: »Jetzt weiß ich es wieder, was ich holen soll. «

Auch der Verkäufer hat den Sack entdeckt. Er atmet erleichtert auf und muss so sehr lachen, dass ihm die Tränen kommen. »Ach Blumentopferde meintest du die ganze Zeit«, und er wischt sich die Augen. Noch immer lachend sagt er dann: »Damit kann ich natürlich dienen. «

Adrian verlässt glücklich und zufrieden den Laden.

Die Mutter wird sich freuen, denkt er bei sich, aber, dass er statt Blumentopferde BLUMENTO-Pferde haben wollte, muss sie nicht erfahren …

Mein Traumurlaub

Endlich Urlaub, freue ich mich und strecke mich auf meinem Stuhl in alle Himmelsrichtungen. Fünf Minuten später verlasse ich das Büro, in dem ich seit zehn Jahren als Journalistin arbeite.

Kaum auf der Straße verschwende ich nicht mehr einen Gedanken an meine ›netten‹ Kolleginnen und Kollegen und schon gar nicht an diesen borniertem Chef. Ich atme einmal tief durch und mache schnell noch ein paar Besorgungen, um dann den Heimweg anzutreten.

Nach einem kleinen Abendsnack verbringe ich noch etwas Zeit auf meiner Couch. Ich blättere gelangweilt in einer bunten Zeitschrift und genieße nebenbei ein Glas Rotwein.

Morgen bin ich schon auf meiner Insel, geht es mir durch den Sinn. Dort will ich endlich meinen Roman »Urlaubsflirt inkognito« fertig schreiben. Leider fehlt mir eine zündende Idee für den Schluss. Dabei verlangt der Verlag bereits in drei Wochen mein fertiges Manuskript. Wie soll ich das nur schaffen? Etwas Erholung brauche ich schließlich auch. Nachdenklich lege ich die Zeitung auf den Tisch und lasse sie aufgeschlagen liegen. Der Klatsch und Tratsch der Prominenten interessiert mich jetzt wirklich nicht. Langsam erhebe ich mich und gehe ins Bad. Ich will nur noch ins Bett. Es ist zwar erst zwanzig Uhr ist, aber ich muss morgen früh raus. Außerdem fühle ich mich müde und ausgelaugt. Die letzten Tage waren mehr als stressig. Da drückte mir doch tatsächlich der Chef noch kurz vor der Angst dieses Interview mit einer total unbekannten Sängerin auf ... pffft ... so eine eingebildete Ziege, wie das war! Doch daran will ich jetzt nicht mehr denken und ich schlage gähnend die Bettdecke zurück. Kaum bin ich drunter geschlüpft und habe mich eingekuschelt, da fallen mir auch schon die Augen zu ...

1. Kapitel

Punkt neun Uhr startet die Maschine. Neben mir sitzt eine Frau um die sechzig. Wir haben die Plätze getauscht. Ich mit meiner Flugangst verzichte lieber auf den Fensterplatz. Ich schnalle mich an, atme noch einmal tief ein und aus und ich schließe die Augen. Ich will den Flug verschlafen.

Warum wollte die nicht am Fenster sitzen? Komisch. Ist doch noch ne junge Frau, hmm, vielleicht gerade mal dreißig. Na, mir kann's egal sein. So habe ich wenigstens den Platz, den ich sowieso wollte und bei der Bestellung nicht mehr bekommen hatte. War ja auch wieder mal auf den letzten Drücker. Hoffentlich verfolgt mich mein Ex nicht bis nach Rom. Weiß nicht, was ich dann mache ...

»Ihn zum Teufel jagen, was sonst!«, höre ich mich sagen. Erschrocken sieht mich die Frau an und meint: »Was sagten Sie? Ich denke, Sie schlafen.«

»Oh Entschuldigung, erwidere ich und schließe schnell wieder meine Augen.

Ob ich tatsächlich einfach in die Bank spazieren kann, dem Kassierer eine Waffe hinhalte, und der rückt das Geld raus? Warum eigentlich nicht? In den Filmen zeigen sie es doch immer. Na klar, das ist sicher ganz einfach.

Ich tippe dem vor mir sitzenden dicken Mann auf die Schulter und flüstere: »Denken Sie sich das nicht so einfach. Dazu brauchen Sie Komplizen.«

»Hä, was für Komplizen? Wie kommen Sie überhaupt darauf? Ich habe doch nichts gesagt«, nuschelt der Dicke, und schaut sich empört zu mir um.

»Schon gut, schon gut, mir war so, als hätten Sie was gesagt.«

Wie kommt die Tussi darauf ... kann die etwa Gedanken lesen?

»Natürlich kann ich das«, will ich gerade antworten, da beiße ich mir noch rechtzeitig auf die Lippen. Dann schlafe ich schließlich doch noch ein.

»Junge Frau, aufwachen«, vernehme ich eine Stimme aus der Ferne, und ich werde unsanft geschüttelt.

Ich öffne meine Augen zu schmalen Schlitzen und erkenne meine Sitznachbarin, die noch immer meine Schulter fest umklammert. Ich wehre ihre Hand ab und sehe mich schläfrig um. Alle Fahrgäste gurten sich bereits ab. Neugierig beuge ich mich Richtung Fenster. Wir sind da. Allmählich werde ich munter und mache nun auch meinen Gurt los. Bevor ich mit den anderen das Flugzeug verlasse, schenke ich der freundlichen Dame neben mir noch ein kurzes Lächeln.

Weit vor mir sehe ich den dicken Mann laufen. Kaum bin ich mit ihm auf gleicher Höhe, muss ich feststellen, dass ich seine Gedanken nicht mehr hören kann. Jedenfalls nehme ich nichts wahr … und er muss ja irgendetwas denken. Woran das wohl liegen mag, frage ich mich, während ich weiter in Richtung Gepäckkontrolle laufe.

2. Kapitel

Unruhig tripple ich vor dem Flughafen hin und her. Sollten wir nicht mit einem Bus abgeholt werden? So stand es jedenfalls in dem Reiseprospekt. Mal nachschauen – schon wühle ich in meiner übergroßen Umhängetasche nach dem Prospekt. Finde aber nur meinen Kamm, den ich schon seit Wochen vermisse. Aus den Augenwinkeln nehme ich den Dicken und die nette Dame aus dem Flieger wahr.

Sie scheinen auch auf den Bus zu warten. Hach, da kommt schon einer angefahren. Ob das unser Bus ist? In dem Moment hält er dicht vor mir an.

Der Fahrer steigt aus, um unser Gepäck in der Seitenklappe des Kleinbusses zu verfrachten. Ich will gerade meinen Koffer hineinstellen. Da drängelt sich der dicke Mann an mir vorbei, um ja als erster in dem Bus zu sein. Er steigt ein, füllt mit seiner Masse die gesamte Tür aus und läuft durch den Bus bis zur letzten Reihe. Ich nehme gleich hinter dem Fahrer Platz. Meine Nachbarin aus dem Flugzeug scheint den gleichen Gedanken zu haben. Sie lächelt mir zu, als sie sich neben mich setzt. Aber diesmal sitze ich am Fenster.

Fünf Minuten später ist der Bus zu Hälfte gefüllt. Mehr Fahrgäste werden es wohl nicht. Von mir aus kann es losgehen.

Ich scheine Glück zu haben. Bis jetzt hat sich Andreas noch nicht gemeldet ... oder habe ich etwa das Handy noch aus?

»Das Handy müssen wir doch immer im Flieger ausschalten«, raune ich meiner Nachbarin zu.

Völlig irritiert sieht mich die Frau jetzt an, sagt aber keinen Ton.

Ich war doch ganz still. Die kann wohl Gedanken lesen?

Ich nicke, was die Frau neben mir zum Glück nicht bemerkt. Wahrscheinlich würde sie sonst an ihrem Geisteszustand zweifeln, oder noch schlimmer, sie bekäme einen Herzkasper – weiß man's?

Mir wird plötzlich bewusst, dass ich wieder die Gedanken der Leute hören kann. Aber merkwürdigerweise nicht von allen. Nur von dieser älteren Dame und ... Moment mal, mir kommt da eine Idee.

Kurzentschlossen schnappe ich meine Tasche und versuche, mich an meiner Sitznachbarin vorbei zu drängeln. Erstaunt sieht sie mich an. Schließlich macht sie Platz, indem sie ihre Knie zur Seite dreht.

»Danke«, nuschle ich und schaue den Gang entlang. Da entdecke ich, dass neben dem dicken Mann noch ein freier Sitz ist. Gerade, als ich zu ihm laufen will, fährt der Bus in eine Kurve. Elegant lande ich auf dem Schoß eines jungen Mannes. Na gut, es hätte mich schlimmer treffen können. Sicher werde ich wieder rot wie eine Tomate. Dann grinst mir dieser Kerl auch noch mitten ins Gesicht. Frechheit!

»Entschuldigung«, stottere ich nur und raffe mich wieder auf. Ich will nur weg hier. Der Busfahrer fährt aber auch wie ein Henker, denke ich noch, und stolpere durch den Gang. Endlich bin ich bei dem dicken Mann angelangt und lasse mich schnaufend neben ihm nieder.

Er schaut mich böse an, ich aber frage lächelnd: »Ist hier noch frei? Ich kann vorn nämlich nicht sitzen, da wird mir immer schlecht.« Er nickt mit zusammengekniffenen Lippen. Vielleicht hofft er, dass ich so seine Gedanken nicht mitbekomme. Aber weit gefehlt.

Was zum Teufel will die Tussi aus dem Flugzeug hier? Dass ihr schlecht wird, wenn sie vorne sitzt, kann sie ihrer Großmutter erzählen.

»Meine Großmutter ist seit zwei Jahren tot«, sage ich bissig und sehe ihn jetzt auch böse an. »Niemand darf etwas gegen meine Großmutter sagen, hören Sie, niemand!«

Der Dicke wird blass bis zu den Haarwurzeln … hihi, dabei hat er kaum noch Haare.

Das gibt es doch nicht. Ich muss vorsichtiger sein, mit dem, was ich denke.

›Das würde ich Ihnen auch raten, hilft aber nichts‹, will ich antworten, kann mich aber gerade noch bremsen. Nicht, dass der Dicke ohnmächtig neben mir zusammensackt, denke ich voller Panik. Womöglich müsste ich dann noch eine Mund- zu Mundbeatmung machen … bei dieser Vorstellung läuft es mir eiskalt den Rücken herunter und ich schaue schnell aus dem Fenster. Deshalb entgeht mir der giftige Blick meines dicken Nebenmannes.

Das gleichmäßige Schaukeln des Busses lässt mich schließlich einschlafen.

3. Kapitel

Wieder schüttelt mich jemand. Was will die Dame von mir? Empört reiße ich die Augen auf und will gerade loswettern, als ich in das Gesicht des Busfahrers sehe.

»Hallo, junge Frau, wir sind am Ziel.«

»Schon?«, frage ich verwundert. »Wir sind doch gerade erst losgefahren?«

»Das war vor einer Stunde. Ihr Koffer steht draußen.« Damit lässt er mich sitzen und geht in seine Fahrerkabine.

Ich blicke mich um. Alle Fahrgäste haben bereits den Bus verlassen. War ich doch tatsächlich eingeschlafen. Eigentlich schade. Hätte schon gern noch mehr von den kriminellen Absichten des dicken Mannes erfahren. Da höre ich, wie der Busfahrer den Motor anlässt. Ich nehme meine Handtasche und verlasse eilig den Bus. Sofort schließen sich die Türen hinter mir, und der Fahrer braust davon. Ich bleibe neben meinem Gepäck stehen und halte Ausschau nach dem Dicken und der netten Dame. Aber weit und breit ist nichts von den Beiden zu sehen. Auf dem Marktplatz sind außer mir nur mein Koffer und ein paar Tauben.

Auch gut, denke ich, und überlege, wie ich so schnell wie möglich zu meiner Insel komme. Deshalb krame ich aus irgendeiner Ecke meines Gehirns meine wenigen Italienischkenntnisse hervor, um den erstbesten Einheimischen nach dem Weg zur Fähre zu fragen. Doch kaum nähere ich mich der Schiffsanlegestelle, da legt die Fähre ab. Rennen ist zwecklos, stelle ich enttäuscht fest und bleibe stehen.

4. Kapitel

Mein Magen knurrt. Ich auch gleich, wenn ich nicht sofort etwas zu essen bekomme, denke ich verstimmt. Die nächste Fähre zur Insel Ponza kommt erst um halb vier, also in drei Stunden. Mir wird schlecht. Ich halte mich an einer Laterne fest.

»Kann ich Ihnen behilflich sein, Signora?«

Erschrocken schaue ich auf und blicke in ein freundliches Männergesicht. Wie kann man nur so gut aussehen? frage ich mich im Stillen. Da reicht mir der junge Mann auch schon seine Hand, und ich lasse die Laterne los. Er fasziniert mich dermaßen, dass ich alles um mich herum vergesse, sogar meinen Hunger.

Er sieht mich noch immer fragend an. Ob er eine Antwort erwartet?

Ich lege nachdenklich meinen Kopf etwas schräg und sage schließlich:
»Ja, das können Sie tatsächlich. Ich suche eine Gaststätte. Erstens, weil
ich Hunger habe, und zweitens, weil das nächste Schiff erst in drei
Stunden kommt.«

»Aha, nichts leichter als das, Signora.« Er lächelt charmant. Dann
meint er: »Kommen Sie und lassen Sie sich von mir in das beste Lokal
hier am Platze entführen.«

Er reicht mir seinen linken Arm, doch ich zögere. ›Entführen‹ klingt
nicht gerade vertrauenserweckend …

Als er mein Zaudern bemerkt, meint er lächelnd: »Oh verzeihen Sie,
ich habe mich noch gar nicht vorgestellt. Ich heiße Lucas Romano.«

Romano, denke ich, und muss sogleich an meinen Roman denken.
Nun hake ich mich bei ihm unter und nenne auch meinen Namen.
Allerdings nur einen meiner drei Vornamen. Er muss nicht wissen,
wer ich bin.

»Frieda?«, fragt Lucas, und sieht sie erstaunt an.

»Tja, den Namen habe ich mir nicht ausgesucht«, meine ich schulter-
zuckend und ziehe ihn schnell weiter, weil mein Magen schon wieder
knurrt…

Schweißgebadet schrecke ich auf. Ein Blick zum Wecker zeigt mir,
dass es erst Mitternacht ist. Mein Mund ist trocken. Schlaftrunken er-
hebe ich mich und trotte in die Küche. Im Kühlschrank steht noch
eine angerissene Flasche Orangensaft. Ich nehme einen kräftigen
Schluck. Ich will die Flasche schon wieder zurückstellen, als mir ein
Gedanke kommt. Schlafen kann ich ohnehin nicht mehr. Mein nächt-
licher Traum geht mir nicht mehr aus dem Kopf. Also nehme ich die
Saftflasche und gehe damit ins Wohnzimmer. Dort setze ich mich an
meinen Schreibtisch und klappe den Laptop auf.

Ich lehne mich zurück, schließe die Augen und noch einmal erscheint vor mir meine Traumurlaubsreise, als wäre sie real. Sogar die Stimme von Lucas kann ich hören. Ich lächle und setzte mich aufrecht hin. Endlich weiß ich, wie meine Geschichte aussehen soll. Ich beginne zu schreiben, und meine Finger fliegen über die Tastatur. In fünf Stunden kann ich allerhand schaffen …

Eine ungewöhnliche Begegnung

Jeden Morgen ist bei Wolfgang Wilde Joggen angesagt. Sein neunjähriger Jack Russell Terrier weicht ihm auch da nicht von der Seite. Doch an jenem Tag im Januar gerät dieses Ritual aus den Fugen, denn zu noch nächtlicher Stunde wird das Duo aus dem Schlaf gerissen.

Wolfgang Wilde schläft ruhig und fest. Es ist Sonntag. Kein Wecker ist gestellt. Plötzlich wird er unruhig. Irgendetwas stört ihn – ein Klingeln. Es dauert eine Weile, bis Wolfgang realisiert, dass es das Telefon ist.

Wer wagt es, mich mitten in der Nacht zu wecken, denkt er ärgerlich. Sein besorgter Blick fällt auf seine Frau, die jedoch friedlich neben ihm schläft. Leise steht er auf und schleicht sich aus der Schlafstubentür. Er schließt diese sacht und geht vorsichtig die knarrende Holztreppe ins Wohnzimmer hinunter. Weil er kein Licht macht, stolpert er.

»Auch das noch«, flucht er verhalten und horcht ängstlich nach oben. Aber dort ist alles still. Nur das Telefon klingelt penetrant weiter …

Wolfgang nimmt ab und spricht mit müder Stimme in den Hörer: »Wilde!«

Der Mann am anderen Ende der Leitung scheint dagegen putzmunter zu sein. Nachdem er sich als Wachtmeister Sturm vorgestellt hat, erzählt er aufgeregt von einem Reh, das auf der Hauptstraße steht und einfach nicht wegwill.

»Und was hab ich damit zu tun? Wissen Sie überhaupt, wie spät es ist?«, blafft Wilde den Wachtmeister an.

Er will schon wieder auflegen, als ihm klar wird, was ihm da soeben mitgeteilt wurde.

Deshalb zögert er und hört noch, wie Herr Sturm kleinlaut sagt: »Es ist 1 Uhr nachts, ich weiß, Entschuldigung, aber Sie sind doch Jäger, und so viel, wie ich weiß, der einzige in dieser Gegend?«

»Ja, ja – schon in Ordnung. Ich bin in zehn Minuten bei Ihnen.«
Wolfgang Wilde legt den Hörer auf. Da bekommt er einen Stups. Es
ist Pluto. Wahrscheinlich ist er unbemerkt mit Herrchen aus dem
Schlafzimmer gehuscht. Jede Nacht liegt das treue Tier an seinem
Fußende. Die meisten seiner Bekannten rümpfen deshalb die Nase.
Doch das stört Wolfgang Wilde nicht *die Bohne*.

Er erinnert sich, als er Pluto als kleines, fast verhungertes Bündel am
Straßenrand fand. Er wollte gerade mit seiner Frau Ingrid zur nahe-
gelegenen Sternwarte. Die Dämmerung hatte bereits eingesetzt. An
jenem Dienstag trafen sie sich mit anderen Amateurastronomen der
›Vereinigung der Sternfreunde e.V.‹ im Planetarium. An dem besagten
Abend sollte der Planet Pluto am Himmel zu sehen sein. Ingrid ver-
zichtete zugunsten des Welpen auf diese Sternbeobachtung. Sie
brachte den Fund so schnell als möglich zu Tierarzt Dr. Vitus. Glück-
lich blickt Wolfgang auf Pluto, dessen Name ihn immer an diesen be-
sonderen Tag vor neun Jahren erinnern wird.

Doch jetzt muss er sich sputen. Schnell steigt Wilde in seine Sachen,
holt das Gewehr aus dem Waffenschrank, um gleich darauf das Haus
zu verlassen. Da besinnt er sich und schreibt seiner Frau noch eine
Nachricht, die er auf den Tisch legt. Noch immer ist alles ruhig.

Herr und Hund treten vor die Haustür. Dunkelheit und Kälte emp-
fängt sie. Zum Glück schneit es nicht. Pluto springt in den Jeep, mit
dem Wolfgang schnell das Grundstück in Richtung Hauptstraße ver-
lässt.

Als der Jagdpächter Wolfgang Wilde endlich am Ort des Geschehens
auftaucht, hatten Polizeibeamte gemeinsam mit Wachtmeister Sturm
das Reh von der Straße auf den sicheren Grünstreifen gebracht. Wolf-
gang Wildes Versuch, das Tier von dort zu verscheuchen, misslingt.
Das Reh reagiert nicht. Es bleibt stehen. Der Jäger meint, dass Wild-
tiere normalerweise vor Menschen Reißaus nehmen. Deshalb liegt die
Befürchtung nahe, dass es sich hier um ein krankes Tier handelt. Um

festzustellen, ob sie es mit einer Seuche oder gar um Tollwut zu tun haben, muss das Reh getötet werden. Wolfgang Wilde gefällt der Gedanke genau so wenig, wie den Polizisten. Es gibt aber keine andere Option. Erst vor kurzem musste er ein Wildtier töten, was dann tatsächlich Tollwut hatte. Seine Pflicht als Jäger ist nun mal der Erhalt einer artenreichen und gesunden Tierwelt in seinem Revier. Trotzdem macht es ihn jedes Mal traurig, wenn er ein Tier erschießen muss.

Er wartet noch, bis das tote Reh vom Tierarzt Dr. Vitus zur Untersuchung ins Veterinärinstitut abgeholt wird. Pluto blieb die ganze Zeit folgsam im Auto, weil er von seinem Herrchen den Befehl dazu bekam. Schließlich ist er ein ausgebildeter Jagdhund.

Dr. Vitus lässt es sich aber nicht nehmen, seinen alten Bekannten zu begrüßen und zu streicheln.

»Ein Prachtkerl bist du«, sagt er lächelnd und Pluto gibt ihm einen Dankes-Stups mit der Nase.

Inzwischen ist es fünf Uhr, aber noch gibt die Dunkelheit den Tag nicht frei. Während Wolfgang Wilde seinen Jeep heimwärts lenkt, spürt er starke Müdigkeit. Er fährt das Auto nur auf den Hof. In die Garage kann er es später stellen.

So leise, wie Wolfgang gegangen war, so leise kehrt er ins Haus zurück. Seine Sachen lässt er in der Stube nur fallen und versucht, lautlos die knarrende Treppe hinaufzuschleichen. Doch vergebens. Die Treppe muss ich demnächst zum Schweigen bringen, denkt Wolfgang schmunzelnd, bevor er sich zu Ingrid ins warme Bett legt. Zärtlich küsst er sie auf die Wange.

»Wo warst du denn?«, fragt sie verschlafen, »etwa schon joggen?«

»Nein, das fällt heute aus, aber weißt du, von dieser ungewöhnlichen Begegnung erzähle ich dir später, flüstert er seiner Frau ins Ohr und kuschelt sich näher an sie ran.

Auch Pluto hat es sich wieder im Bett bequem gemacht – natürlich am Fußende von Frauchen und Herrchen.

Wolf im Schafspelz

Im dunklen Walde, ganz tief drin
lebt schon seit langem Isegrim.
Am Tage gibt er sich als Braven,
des nachts schleicht er sich zu den Schafen.

Doch Bauer Simmel, der ist schlau.
Er schützt seine Schafe durch den Bau
von einem großen Elektrozaun.
›Soll sich Isegrim nur her getrau'n!‹

Der Wolf ist aber auch nicht dumm.
Er schleicht sich um den Zaun herum,
und einen Riss entdeckt er dann –
ein Schaf kommt neugierig heran.

Und Isegrim schwört Stein und Bein
das Schaf zu lieben – wie gemein!
Das blöde Schaf der Hafer sticht,
den Wolf im Schafspelz erkennt es nicht.

Manch Jäger fühlt sich ausgeschlossen
vom Wolf und seinen Artgenossen.
Denn eins bereitet ihm Verdruss:
Der Wolf war schneller als sein Schuss.

Er wird verflucht, der Isegrim.
Dabei ist er doch gar nicht schlimm.
Der Mensch nimmt ihm den Lebensraum.
Drum bleibt es wohl ein ewiger Traum,
dass Mensch und Wolf als Einheit leben –
keiner der beiden wird sich je ergeben.

Bitte sprich mit mir!

»Wollen wir zuerst ins New Yorker? Da finden wir bestimmt was für dich.«

Meine Enkeltochter ist sofort einverstanden, und zehn Minuten später steht sie in der Umkleidekabine.

Ein Pullover mit Spruch ist ihr Favorit. Mir kommt er etwas groß vor. Doch als sich Anna damit vorstellt, hebe ich den Daumen. Sie muss sich schließlich darin wohl fühlen, denke ich dann beim Bezahlen.

Seit Anna vierzehn ist, sehen wir uns nicht mehr so oft, was schade ist. Umso erfreuter bin ich über unsere heutige Shoppingtour. Eine spontane Entscheidung nach Annas Besuch beim Zahnarzt.

Diese seltene Gelegenheit ausnutzend schlendern wir gemütlich durchs Einkaufs-Center, bis Anna ein Eis möchte. Beim Italiener kaufe ich jedem von uns seine Lieblingssorte.

Wir steuern eine Bank an und setzen uns. Dort genießen wir in aller Ruhe unser Eis.

Doch statt sich mit mir zu unterhalten, hat meine Enkelin nur Augen für ihr Handy. Diese etwas unhöfliche Geste übernehmen die Kinder von den Erwachsenen.

Und schauen wir uns doch mal um. Begegnen uns nicht täglich und überall Menschen mit einem Smartphone in der Hand? Hier im Kaufhaus kann ich es auch beobachten.

»Anna, wir sehen uns so selten, und du starrst nur auf dein Telefon. Bitte sprich mit mir!«

Zu meinem Erstaunen, aber auch zu meiner Freude legt sie tatsächlich ihr Handy zur Seite und sieht mich abwartend an.

Ich räuspere mich, lecke noch mal an meinem Eis und wende mich meiner Enkeltochter zu. Einer muss jetzt anfangen, denke ich innerlich schmunzelnd, und sage auch schon zu ihr: »Weißt du, Anna, ich habe nichts gegen Mobiltelefone, jedenfalls nicht grundsätzlich – sie sind manchmal sogar nützlich. Aber, man sollte sich nicht abhängig davon machen. Zum Glück sind die Dinger in der Schule nicht erlaubt.«

Anna schüttelt den Kopf. »Da irrst du dich, Oma«.

»Weshalb?«, frage ich etwas irritiert.

»Wir dürfen das Handy mit in die Schule bringen und auch während des Unterrichts drauf schauen. Bei manchem Lehrer, wohlbemerkt. Der macht's ja nicht anders.«

Ich sehe Anna entsetzt an. »Das glaube ich jetzt nicht!«

»Doch Oma.« Anna nickt. »Gestern z.B. ging ich während des Unterrichts vor zum Lehrer, um meine Entschuldigung für den heutigen Arztbesuch auf den Tisch zu legen. Ich konnte einen Blick auf sein Tablett werfen. Er war tatsächlich ...«

»Jaaa?«, frage ich mit erhobener Stimme. Anna kaut verlegen auf ihrer Unterlippe.

Ungeduldig hake ich nach: »Ist das etwa ein Geheimnis? Darfst du mir das nicht erzählen?«

Anna neigt den Kopf, überlegt kurz und sagt: »Solange du daraus keine Geschichte machst, kann ich es dir erzählen. Der Lehrer war tatsächlich mitten in einem Spiel.«

»Wirklich?«

»Hmm, ich kenne mich damit aus.« Anna nickt heftig.

Ich aber sage nur: »Das gibt es doch nicht!«

Mehr fällt mir dazu im Moment nicht ein, und Geheimnis hin oder her ... ich kann mich nicht erinnern, meiner Enkeltochter versprochen zu haben, darüber keine Geschichte zu schreiben.

Aber die Uhr läuft weiter

Ich warte – wieder mal. Martin wird sich, wie immer, verspäten. Dabei weiß er genau, wie ich Unpünktlichkeit hasse. Ich sehe nun schon zum x-ten Mal auf meine Uhr. Das akademische Viertel ist längst überschritten. Das ist allerdings nicht wie immer.

Ich weiß, dass Martin verheiratet ist. Letztes Jahr hatte er Silberhochzeit. Und er hat zwei Kinder. Das weiß ich auch. Doch die sind schon erwachsen – zählen also nicht. Mir ist auch klar, dass man sich nicht in eine Ehe drängen darf. Aber was soll ich machen? Ich liebe Martin nun mal. Dagegen bin ich machtlos.

Wann kommt er endlich? Wieder schaue ich auf die Uhr. Dabei wollte er mir heute etwas sagen. Was Wichtiges vielleicht? Ob er sich von seiner Frau trennen will? Oft genug hatte er es mir versprochen. Vielleicht will er aber auch mit mir Schluss machen? Bei dem Gedanken läuft mir ein kalter Schauer über den Rücken. Und unser zweiter Jahrestag? Ich schüttle den Kopf, nein, der ist schon vorbei. Was ist es dann, frage ich mich und erschrecke beim erneuten Blick auf die Uhr. Verdammt, schon so spät! Wo bleibt Martin nur?

Langsam reicht es mir, und ich trete entschlossen an den Hoteltresen heran. Die Dame an der Rezeption storniert ohne großes Tamtam meine Zimmerbestellung. Doppelzimmer, wohlbemerkt.

Mit ärgerlicher und enttäuschter Miene verlasse ich das Hotel und winke einem herannahenden Taxi. Es hält auch sofort, und ich steige hinten ein.

»Zum Bahnhof, bitte.«

Der etwas ältere Fahrer nickt nur und fährt ohne Zögern los. Ich atme tief ein und wieder aus, lehne mich mit geschlossenen Augen zurück und bin mit meinen Gedanken wieder in der kleinen Bar in Paris, am Notre Dame …

»Na, schöne Frau, so allein?«

Ich zog gelangweilt an meinem Strohhalm, der in einem Cocktailglas steckte und erkannte aus den Augenwinkeln heraus einen großen Mann. Ohne zu antworten ließ ich den Strohhalm los und drehte langsam den Kopf in seine Richtung. Nun verschlug es mir endgültig die Sprache. Wie konnte man nur so gut aussehen, war mein einziger Gedanke.

Er lächelte, während ich ihn noch immer anstarrte.

»Sind Sie etwa stumm?«, fragte er unvermittelt, während sein Lächeln gefror.

Ich schüttelte den Kopf und stotterte verlegen: »Entschuldigung, ja, ich bin … aber warum … ich weiß gar nicht … ach, natürlich bin ich allein … heute«, und dieser schöne Mann zeigte mir wieder sein gewinnendes Lächeln.

Das war vor circa zwei Jahren. Wir machten beide Urlaub – er von seiner Frau, ich von meinem Ex. Denn ich hatte mich gerade erst getrennt. Gegen einen Urlaubsflirt war also nichts einzuwenden. Dass sich unsere Romanze anschließend fortsetzen würde, konnte keiner ahnen. Rein zufällig trafen wir uns vier Wochen später genau am 1. Juli hier im größten Hotel dieser Stadt, in der Martin zuhause war. Bei einer Tasse Kaffee beschlossen wir, uns nun regelmäßig an jedem ersten eines Monats im gleichen Hotel zu treffen.

Er machte kein Geheimnis daraus, verheiratet zu sein. Seine Frau wäre zehn Jahre älter als er und würde ihm seine Freiheiten lassen. Die Ehe bestünde nur noch auf dem Papier. So lautete sein Kommentar, wenn ich ihn wieder einmal mit meinen Fragen nervte. Das beruhigte mich für den Moment, aber nicht endgültig. Trotz meiner bleibenden Zweifel genoss ich die Zweisamkeit mit Martin in vollen Zügen, wenn es auch nur einmal im Monat war. Manchmal allerdings fragte ich mich schon, warum er nicht auch zu mir käme. Jedes Mal antwortete er ausweichend mit den Worten: dazu fehle ihm die Zeit. – »Und was ist mit meiner Zeit«, wollte ich dann wissen.

Doch ich konnte ihm nie richtig böse sein und nahm wieder und wieder die zehn Stunden Bahnfahrt auf mich. Aus Liebe, redete ich mir immer wieder ein.

»Ein Stau«, höre ich aus weiter Ferne und öffne langsam meine Augen. Erst jetzt bemerke ich, dass wir stehen. Erstaunt sehe ich den Fahrer an, der sich zu mir umgewandt hat. Dann richte ich meinen Blick nach draußen auf die Straße. Dort sehe ich einen Menschenauflauf um ein quer stehendes schwarzes Auto und um ein total verbogenes Fahrrad, und … ich beuge mich etwas vor, um es besser erkennen zu können, was dort liegt.

Ein Mann? Ja, er ist blutüberströmt und rührt sich nicht. Es vergehen einige Sekunden, die mir wie Stunden vorkommen, bis ich registriere, dass es Martin ist, der dort liegt.

»Wir können nur warten.« Mit diesen Worten platzt der Taxifahrer in meine chaotischen Gedanken. »Aber die Uhr läuft weiter … tut mir leid, wenn's teuer wird.«

Doch ich höre ihm gar nicht mehr zu. Wie in Trance öffne ich die Autotür. Ich will nur noch zu Martin, meinem Martin.

Da werde ich festgehalten. »Was soll das«, rufe ich wütend und versuche, mich aus der Umklammerung zu befreien.

»Sie können nicht zu ihm, jedenfalls nicht jetzt.«

Ich blicke in dunkle Augen, in die einer Frau um die vierzig und entgegne ungehalten: »Warum nicht? Ich bin schließlich seine Freundin. Ich bin Marie!«

Während die Frau den Griff lockert und mir ihren Arm um die Schultern legt, führt sie mich behutsam vom Geschehen weg. Dann sagt sie: »Ich bin Doktor Hofmann. Er – Ihr Freund war mit dem Fahrrad unterwegs, und ein Autofahrer …«, sie zögert kurz, bevor sie fortfährt, »als ich am Unfallort eintraf, war Ihr Freund noch ansprechbar. Ich hörte ihn leise sagen: ›Dabei wollte ich einmal pünktlich sein – doch die Zeit rauschte an mir vorbei. Verzeih mir, Annemarie‹.«

Die Ärztin sieht mich mit hochgezogenen Augenbrauen an.

»Man nennt mich nur Marie«, beantworte ich ihre stumme Frage.

Dann drehe ich mich mit tränenverhangenen Augen um und steige wortlos zurück ins Taxi.

»Zum Bahnhof«, hauche ich, und der Fahrer lenkt das Auto, ohne

groß nachzufragen, langsam durch die gaffende Menschenmenge.
Ich muss an Martin denken, dass ich ihm Unrecht getan habe. Dabei war er schon lange auf dem Weg zu mir. Ich greife nach meinem Handy und wähle seine Festnetznummer. Plötzlich eine Frauenstimme. »Hallo, hier Köhler – wer spricht denn dort? Halloooo.« Ich zucke zusammen und lege schnell auf. Nur Sekunden später tippe ich dem Taxifahrer auf die Schulter: »Nein, nicht zum Bahnhof.«
Dann reiche ich ihm einen Zettel. Nach einem kurzen Blick darauf wendet der Fahrer und braucht nur eine halbe Stunde, um zu der gewünschten Adresse zu gelangen.
Mir aber ist inzwischen klar, es ist an der Zeit, reinen Tisch zu machen – Zeit für ein Gespräch.

Die Uhr

Manchmal möchte ich zurück sie drehen,
die beiden Zeiger meiner Uhr.
Manchmal wünsch ich mir, sie blieben stehen,
und sei es eine Minute nur.

Manchmal wünsch ich mir auch sehr
eine Uhr mit ner besond'ren Gabe,
bei der schon heute Morgen wär' –
doch sie bleibt stehen, gerade …

Das schönste Geschenk

1.

Bäuchlings, auf einem weißen Bärenfell liegend, betrachtet die junge Frau verträumt das Züngeln der Flammen um die letzten Holzscheite. Das offene Feuer im Kamin verschlingt das Holz geradezu. Die Frau mit den blonden Locken dreht sich auf die Seite, stützt ihren Kopf mit dem linken Arm ab und blickt lächelnd zu ihrem Liebsten. Der studiert, wie könnte es anders sein, mit Wissbegierde den neuesten Klatsch und Tratsch der Tageszeitung.

»Gregor«, zwitschert sie fröhlich.

»Ja, Benita – was ist?«, fragt der junge Mann, ohne den Blick von seiner Zeitung zu lösen. Er wirkt total abwesend.

»Hast du schon eine Idee für Weihnachten?«

»Nö.« Auch jetzt schaut er nicht hoch.

»Feiern wir bei deinen Eltern, oder bei meinen?«, fragt die zierliche Frau, immer noch ruhig und freundlich.

»Weiß nicht.«

»Gregor – wir wollen doch unsere Verlobung bekannt geben!«

»Hm ...«

»Sag mal, hörst du mir überhaupt zu?«

Benita setzt sich langsam auf. Ihre Haltung nimmt eine Drohgebärde an, indem sich ihr ganzer Körper versteift.

»Ständig liest du in dieser Zeitung«, meint sie weiter, nun schon sehr gereizt und mit gefährlichem Unterton.

»Außerdem ist morgen schon Heiligabend – wir haben noch nicht mal einen Weihnachtsbaum – hallooo ... jemand zu Hause?«

»Ja ja, ich hör dir zu ...«

Jetzt reicht es Benita. So viel Ignoranz auf einen Haufen ist ihr ja noch nie passiert. Obwohl ... sie überlegt und hält ihren Kopf leicht schräg. Gregor war früher wesentlich aufmerksamer. Als sie sich vor einem

Jahr kennenlernten, war er charmant, großzügig, liebevoll, ja, einfach der perfekte Mann. Aber neuerdings wirkt er zerstreut, und ist oft sehr gleichgültig, so wie im Moment. Dabei weiß er genau, wie sie das verabscheut. Sie springt auf. Mit einem Satz ist sie bei Gregor und schlägt ihm die Zeitung aus der Hand. Das geschieht mit so viel Schwung, dass die neuesten Klatschnachrichten unterm Couchtisch landen. Gregor aber hat nichts Besseres vor, als sich nach dem Blatt zu bücken. Doch Benita ist schneller. Sie wirft die Zeitung ins Kaminfeuer. Das flackert lodernd auf und es vernichtet im Nu allen Klatsch und Tratsch.

Benita aber geht wortlos und hoch erhobenen Hauptes aus dem Zimmer. Ihren fast Verlobten lässt sie fassungslos zurück. Der hört nur noch das Klappen der Haustür. Dann ist es eine ganze Weile still. Ein wegfahrendes Auto erlöst Gregor aus seiner Schockstarre. Trotzdem verharrt er noch zehn Minuten in seinem Sessel. Erst dann kann er wieder klar denken.

2.

Nach fast drei Stunden Fahrt versucht die fünfundzwanzigjährige Benita Cornelius ihren Fiat Panda, den sie vor vier Wochen über eBay günstig erstanden hat, durch die schmalen Straßen des kleinen Gebirgsortes zu rangieren. Sie erinnert sich noch, als sie das Auto abholte. Sie gab ihm sofort den Namen Emma. Ihrer Meinung nach sollte nämlich auch ein Auto einen Namen haben.

Und Emma gefällt ihr … so würde sie jedenfalls mal ihre Tochter nennen. Benita seufzt. Fällt ihr doch Gregor ein. Er will noch keine Kinder. Das hat er ihr erst neulich wieder zu verstehen gegeben. Vor drei Wochen hatte sie vorsichtig angefragt. Er aber schüttelte vehement den Kopf, wie stets bei diesem Thema. Reflexartig legt sie eine Hand auf ihren Bauch, und ihr Gesicht bekommt für einen Moment einen verklärten Ausdruck. Doch gleich darauf kneift sie die Lippen fest zusammen. Nur jetzt nicht wieder an Gregor denken.

Schnell nimmt sie die Hand zurück ans Lenkrad. Inzwischen ist es ganz dunkel geworden, und der Schneefall hat zugenommen. Konzentriert schaut sie auf die Straße. Der Scheibenwischer schafft es kaum noch, die Sicht zu verbessern. Benita orientiert sich nur an den Häusern rechts und links.

»Wo, zum Teufel, ist die Nummer 22«, murmelt sie verzweifelt. Sie kann bis heute nicht verstehen, warum ihre Eltern sich ausgerechnet dieses Nest für ihren Lebensabend ausgesucht haben. Obwohl Benita sich auch von der Landschaft Thüringens verzaubert fühlt, und das zu jeder Jahreszeit. Aber ausgerechnet ihre Eltern – die ihr Glück immer nur in einer Großstadt sahen, schon ewig in Berlin gelebt und gearbeitet haben – ausgerechnet ihre Eltern hat es in die Provinz verschlagen? Verstehe das, wer will ... denkt Benita Kopfschüttelnd.

Upps, gleich wäre sie an dem kleinen Haus vorbeigefahren. Sie bremst scharf, was ihr bei den Schneemassen fast misslingt. Ganz leicht touchiert sie den Gartenzaun. Hilfe, auch das noch. Schnell steigt sie aus und versinkt sofort im Schnee. Zum Glück ist nichts passiert – weder am Zaun noch an ›Emma‹. Zufrieden setzt sie sich wieder hinters Lenkrad, um nun den Fiat, vorsichtig am Zaun vorbeifahrend, auf dem nahegelegenen Parkplatz abzustellen. Mit Müh und Not findet sie noch ein Plätzchen. Die anderen parkenden Autos sind kaum noch zu sehen. Dem Kofferraum entnimmt die junge Frau ihre Reisetasche. Schon Tage zuvor hatte sie die Tasche gepackt. Insgeheim hatte sie gehofft, gemeinsam mit Gregor bei ihren Eltern die Verlobung zu feiern. Aber das wird ja nun nichts, denkt Benita traurig. Plötzlich fragt sie sich, ob Mama und Papa überhaupt zu Hause sind. Zaghaft klingelt sie an der Haustür. Nichts. Sie versucht es noch einmal. Wieder nichts. Benita will schon umkehren, da fällt ihr ein, dass ihre Mutter früher immer ein Schlüsselversteck hatte.

Kurzentschlossen konzentriert sie sich auf den Hauseingang ... da, sie greift in den Blumentopf mit dem kleinen Tannenbaum, der gleich neben der Haustür steht.

Auch nichts, denkt sie enttäuscht. Doch dann – »Hach, wie raffiniert, darauf muss man erstmal kommen«, murmelt Benita vergnügt, und nimmt vom hintersten Zweig des Bäumchens den Hausschlüssel ab. Der fällt neben dem vielen Weihnachtsschmuck am Baum nicht weiter auf.

Wo aber sind ihre Eltern? Vor einer Woche hatte sie doch noch mit ihrer Mutter telefoniert und ihren Vielleicht-Besuch angekündigt. Merkwürdig, denkt Benita und schließt die Tür auf. Weil ihr schon als Kind die Dunkelheit unheimlich war und sie sich stets vor dem Alleinsein fürchtete, huscht sie ins Haus und drückt mit dem Fuß rasch die Tür ins Schloss, noch bevor sie Licht macht. Hu, wie gruselig, denkt Benita und erschrickt – denn plötzlich hört sie ein Wimmern. Entsetzt lässt sie ihre Tasche fallen und horcht angespannt in die Dunkelheit. Aber so, wie das Wimmern kam, ist es wieder weg. Das laute Knallen der Tasche hat das Monster bestimmt verjagt, hofft die junge Frau und will gerade nach dem Lichtschalter greifen, als sie etwas an ihren Beinen spürt. Was war das? Hecktisch versucht sie, in der Dunkelheit etwas zu erkennen. Aber so sehr sie sich auch anstrengt, es ist unmöglich.

»Sicher macht es mir was vor«, sagt Benita jetzt ganz laut und mit fester Stimme. Ihre altbewährte Methode, um sich Mut zu machen. Endlich hat sie auch den Schalter fürs Licht gefunden, und … einen Zettel auf der kleinen Flurkommode. Geschickt streift sie ihre Schuhe von den Füßen und hängt ihre Jacke an die Garderobe.

Dann liest sie Mutters Zeilen:

»Benita, Schatz, wir mussten leider weg. Und das einen Tag vor Weihnachten, ich weiß, aber Tante Olga braucht uns. Du kennst sie doch, seit Onkel Rudi nicht mehr da ist, ist sie oft so hilflos, und … ruf mich doch bitte an, falls du tatsächlich mit Gregor kommst. Lieber Gruß Mama und Paps. PS. Teller mit Essen im Kühlschrank.

Haben dich ganz doll lieb!«

»Was für ein Weihnachten«, seufzt Benita unglücklich. Sie hebt die Tasche auf und betritt auf Strümpfen die Küche. Dort wirft sie achtlos ihre Reisetasche in die Ecke und lässt sich auf die Küchenbank fallen. Ein Rotwein … nur der kann ihr heute noch helfen, obwohl sie selten Alkohol trinkt. »Aber heute ist eine Ausnahmesituation«, tröstet sie sich.

Doch da macht sich ihr Magen bemerkbar. Sie geht an den Kühlschrank, nimmt den Teller heraus und auch eine Flasche Rotwein. Dann zieht sie die Küchengardine zu und setzt sich wieder an den Tisch. Benita verspürt zwar Hunger, hat aber auf die liebevoll und köstlich zubereiteten Häppchen keinen Appetit. Dabei hat ihre Mutter weder mit Käse noch mit Oliven gespart. Diese Leckereien nascht sie vom Teller, bevor sie ihn wieder in den Kühlschrank stellt.

Nur den Rotwein behält sie bei sich. Sie bleibt stehen und prostet mit der Weinflasche in Richtung Wand zum Hochzeitsfoto der Eltern mit den Worten: »Mama, du bist die Beste!« Dabei nimmt sie einen Schluck Wein gleich aus der Flasche. Denn Gläser sind Luxus – zu so später Stunde. Und Abwasch nicht nötig – zu so später Stunde.

Plötzlich schaut sie voller Entsetzen auf die Rotweinflasche. »Himmel, das habe ich doch glatt vergessen!« Sie kramt ein Stück Papier aus ihrer Hosentasche, faltet es auseinander und betrachtet es kopfschüttelnd. Dann hält sie es dicht vor ihre Augen und wieder von sich weg. »Verstehe nicht, was der Arzt da gesehen hat. Ich kann nichts erkennen.«

Energisch steckt Benita das Stück Papier wieder ein, korkt die Flasche zu und stellt sie zurück in den Kühlschrank. Dann doch lieber Wasser, denkt Benita. Es ist kurz vor 21 Uhr. Es war ein anstrengender Tag. Sie löscht das Licht. Gleich im Dunkeln schleicht die junge Frau ins

Wohnzimmer. Dort lässt sie sich erschöpft aufs Sofa fallen, greift nach der Decke am Fußende, deckt sich zu und schläft sofort ein.

Von einem schabenden Geräusch wird Benita am Heiligabend in der Früh aus ihrem Schlaf gerissen. Oder träumt sie noch?

Stand sie nicht soeben in einem weißen Kleid unter einem wunderschön geschmückten Weihnachtsbaum? Neben sich den Bräutigam – nur hatte der kein Gesicht … Benita blinzelt. »Hilfe, bin ich noch müde … und wo bin ich überhaupt?« Sie versucht, ihre Augen zu öffnen, was ihr nur sehr schwer gelingt. Wieder hört sie dieses schabende Geräusch – da fällt ihr der gestrige Tag schemenhaft ein … mit großen Augen blickt sie auf den herrlich geschmückten Weihnachtsbaum aus ihrem Traum – aber das ist gar kein Traum – dieser Weihnachtsbaum steht im Wohnzimmer ihrer Eltern. Sie schaut sich um, so gut das im Liegen möglich ist. Genau, jetzt wird ihr der gestrige Tag in seiner ganzen Tragweite wieder bewusst … beginnend von Gregor, den sie fluchtartig verlassen hat bis hin zum Haus ihrer Eltern und endend mit der Flasche Rotwein, von der sie, Gott lob, nur einen Schluck getrunken hat. Aber trotzdem ist ihr schlecht. Langsam erhebt sich Benita, fällt aber wieder aufs Sofa zurück. Alles dreht sich. Sie schaut an sich herunter und sieht, dass sie gleich in Sachen eingeschlafen war. Wieder vernimmt sie das Geräusch, welches sie nicht richtig zuordnen kann. Sie geht zum Fenster, nachdem ihr das Aufstehen endlich gelungen ist. Durch die Gardine hindurch erkennt sie den Nachbarn, Herrn Müller. Er schiebt Schnee. Aha, das war das Geräusch. In der Nacht muss noch mehr von dem weißen Zeug heruntergekommen sein. Oh je, ich muss ja auch noch schieben, oder hat das Gregor schon erledigt, denkt sie. Aber dann fasst sich die junge Frau an die Stirn – Gregor ist doch nicht hier. Ihr kommen die Tränen. Doch mit einem Mal hört sie ein Wimmern, wie sie es gestern Abend vernahm. Wo kommt das her? Gregor ist vergessen. Benita bewegt sich leise auf Strümpfen in Richtung Flur. Zaghaft öffnet sie

111

die Zimmertür und schiebt vorsichtig ihren Kopf durch den Türspalt. »Das gibt es doch nicht, was machst du denn hier?« Benita bückt sich und hebt ein schwarz-weißes Kätzchen hoch. Zärtlich drückt sie es an ihre Brust. Es mauzt kläglich.

»Du hast sicher Hunger, mein Liebes … komm, ich hole etwas Milch« … oder lieber Wasser, grübelt Benita, während sie das Tierchen noch immer im Arm hält und mit ihm in die Küche geht. Sie hat mal davon gehört, dass die in Kuhmilch enthaltene Lactose bei Katzen zu Durchfall führen kann. Aus dem Küchenschrank nimmt Benita ein Kompottschälchen, das sie nun mit lauwarmem Leitungswasser füllt und auf den Boden stellt. Dann will sie Minka, wie sie ihren kleinen Schützling nennt, vor das Schälchen setzen. Aber das Tierchen sträubt sich mit aller Kraft. Benita muss schmunzeln und streichelt die Katze liebevoll. »Na, hast du Angst, dass ich weggehe?«

Sie hockt sich nieder und startet einen zweiten Versuch. Erstaunlich, das Kätzchen beginnt zu trinken … zuerst langsam, dann ganz gierig. Benita gießt noch einmal nach und beobachtet schmunzelnd diese Zeremonie.

Als ihr Blick auf die Wanduhr fällt, erschrickt die junge Frau. Es ist bereits zehn Uhr, und sie hat ihre Mutter noch gar nicht angerufen. Auch will sie etwas Katzenfutter im nahegelegenen EDEKA besorgen. Vielleicht erfährt sie da etwas über die Herkunft ihres neuen Mitbewohners. Bevor Benita mit Tasche bewaffnet das Haus verlässt, sieht sie Minka, eng zusammengerollt, auf der Küchenbank friedlich schlafen.

Sie nimmt den Schlüssel vom Haken, zieht die hohen Stiefel und den Anorak an und stapft den Weg bis zum Gartentürchen durch den hohen Schnee.

Sie nimmt sich vor, später Schnee zu schieben. Ein Blick zum grauen Himmel sagt ihr, dass noch mehr Schnee kommen wird. Benita schlägt den Weg zu EDEKA ein.

3.

Gregor kann es gar nicht glauben, dass Benita tatsächlich fort ist. Anfangs dachte er, sie wäre nur zu einer Freundin gefahren, um sich dort auszuheulen, oder um etwas Dampf abzulassen. Das hat sie schon manchmal gemacht, wenn sie sich wieder mal über Gregor geärgert hat. Als seine Liebste nach zwei Stunden immer noch nicht zurück ist, macht er sich langsam Sorgen. Deshalb telefoniert er alle ihre Freundinnen ab. Er erreicht auch alle Fünf, aber bei keiner ist sie aufgetaucht. Dann kann sie nur noch bei ihren Eltern sein, vermutet Gregor und wählt bereits die Nummer der Familie Cornelius. Doch es meldet sich nur der AB. Weil es erst 18 Uhr ist, legt er wieder auf. Gregor nimmt seine Brille ab, und während er sie putzt, überlegt er: »Hm, ungefähr drei Stunden braucht man schon bis Gaberndorf.« Dorthin hat es nämlich seine zukünftigen Schwiegereltern vor circa fünf Jahren verschlagen, als Roberto dann auch in Rente ging. Seine Frau, Marina, war schon lange zu Hause.

Ich werde am besten in zwei Stunden noch mal anrufen, überlegt Gregor und setzt seine Brille wieder auf. Dann holt er aus dem großen Bücherregal den Autoatlas. Er will sich die Fahrstrecke nach Thüringen raussuchen. Er ist kein Freund von der neumodernen Technik, wie Navi und so. Er liebt es eher konservativ. Deshalb wird er oft von seinen Kollegen belächelt. Gregor sucht lange, bis er endlich dieses Kaff auf der Karte findet. Er holt sich einen Zettel und notiert sich die Strecke. Sonst fährt immer Benita, und sie kennt den Weg. Gleich morgen früh will er sich auf den Weg machen.

Um 21 Uhr fällt ihm Benita wieder ein, und er drückt auf Wahlwiederholung. Ärgerlich spricht er nun doch eine kurze Nachricht auf den Anrufbeantworter. Dann geht er schlafen. Er kriegt kein Auge zu. Benita fehlt ihm. Auch grübelt er, was wohl der Grund für ihre Flucht gewesen sein könnte. Sollte wirklich ihr unsäglicher Kinderwunsch dahinterstecken? Diese Frage beschäftigt ihn fast die ganze Nacht.

Erst in den Morgenstunden übermannt ihn der Schlaf.

Gregor blinzelt, denn die Sonne scheint ihm voll ins Gesicht. Er dreht sich zum Wecker und erschrickt. »Himmel, schon zehn Uhr!« Mit einem Satz springt er aus dem Bett. In Rekordzeit von zehn Minuten ist er fertig mit duschen und rasieren. Wo er sonst immer eine halbe Stunde das Bad blockiert, zum Leidwesen seiner Freundin. Er grinst in den Spiegel und ist mit seinem Aussehen zufrieden.

Auch angezogen ist er in Windeseile. Nur sein Bett bleibt wie es ist, nämlich ungemacht. Gregor will gerade aus dem Schlafzimmer gehen, da entdeckt er seine Reistasche. Er hebt sie an und merkt, dass Benita sie schon gepackt hat. Er legt nur noch sein Geschenk dazu und verlässt schließlich das Haus. Mit seinem Geländewagen ist er eine halbe Stunde später bereits auf der Autobahn. Da beginnt es wieder zu schneien. Auch das noch, denkt Gregor und gibt Gas.

4.

Benita ist nach einer Stunde vom Einkauf zurück. Kaum ist sie im Haus, da kommt ihr auch schon Minka entgegen und streicht schnurrend und mauzend um ihre Beine. »Ja, meine Süße, ich habe dir was mitgebracht«, und sie schüttet den Tascheninhalt auf den Küchentisch. Zwischen Zwiebeln, Gurken, Tomaten und Äpfeln fischt sie eine kleine Büchse Katzenfutter heraus. In eine zweite Kompottschüssel füllt sie die leckere Mahlzeit für Minka, die sich gierig darauf stürzt und losschmatzt. Während das Kätzchen frisst, schnappt sich Benita den Schneeschieber gleich neben der Tür. In einer halben Stunde hat sie es geschafft. Ein kritischer Blick zum Himmel zeigt ihr, dass noch mehr Schneeschiebearbeit auf sie zukommen wird. Aber jetzt will sie zurück ins Haus, um sich endlich aufzuwärmen. Als sie sich ihre Stiefel auszieht und nun endlich ihre Mutter anrufen will, sieht sie ein Blinken am Telefon. Sie drückt auf den Knopf und hört Gregors Nachricht ab. Nachdenklich bleibt sie eine Weile neben der

Kommode stehen, lächelt schließlich und geht in die Küche. Suchend schaut sie sich um und entdeckt Minka auf der Küchenbank, die sich ausgiebig putzt. Das Schüsselchen ist bis auf den letzten Krümel leer gefressen. Jetzt bekommt Benita auch Hunger. Immerhin ist gleich um halb eins, und gefrühstückt hat sie auch nicht. Na, und gestern Abend hatte sie Mutters liebevolle Häppchen auch verschmäht. Also wird es Zeit, etwas zuzubereiten. Kurzerhand holt sie die Zutaten für einen Kartoffelsalat aus dem Kühlschrank, und legt das eben besorgte Obst und Gemüse dazu. Gerade will sie mit einem scharfen Messer auf dem Holzbrettchen das Gemüse schnippeln, als es an der Haustür klingelt.

Vor Schreck hätte sie sich fast in den Finger geschnitten. Das kann doch noch nicht Gregor sein, schießt es ihr durch den Kopf, während sie zur Tür eilt. Als sie öffnet, steht Herr Müller vor ihr und streckt ihr seine klobige Hand entgegen. Benita wischt sich rasch die Hände an ihrer Schürze ab, bevor sie ihn begrüßt. Neugierig schaut sie den Nachbarn an.

»Frau Cornelius, entschuldigen Sie bitte, aber meine Frau meinte … na ja, Sie wissen ja, wie das in so einem Dorf ist … Entschuldigung … sie sah Sie bei EDEKA … aber ist vielleicht … vielleicht ein Kätzchen bei Ihnen?«, stottert er und schaut verlegen zu Boden.

Benita schmunzelt über die Schüchternheit des Nachbarn. Sie kennt ihn jedoch nicht anders. Deshalb meint sie nun: »Moment Herr Müller, bin gleich wieder da«, und sie geht ins Haus. Gleich darauf ist sie zurück mit Minka im Arm. Die Augen des Nachbarn beginnen zu strahlen. »Wissen Sie, wir waren gestern Früh ganz kurz bei Ihren Eltern hier an der Tür. Irgendwie muss die Katze aus unserem Haus entwischt sein. Ihre Eltern waren bereits mit dem Auto weggefahren, als ich merkte, dass Mulle verschwunden war. Jetzt weiß ich auch, wohin. Es soll doch ein Weihnachtsgeschenk für unsere Enkeltochter sein.«

»Aber natürlich bekommen Sie das Kätzchen wieder, und ich gebe Ihnen auch das Futter mit, was ich besorgt habe.« Benita drückt dem Mann das Tierchen in den Arm und kommt mit drei Büchsen Katzenfutter zurück. »Frohe Weihnachten, Herr Müller«, sagt sie und streicht noch einmal zärtlich über Minka-Mulles Köpfchen. Das wohlige Schnurren klingt wie »Danke!«

»Ihnen auch frohe Weihnachten, Frau Cornelius.« Dann dreht sich der Nachbar um und stapft durch den neuen Schnee, den Frau Holle fleißig auf die Erde schüttelt.

Kaum hat Benita die Tür hinter dem glücklichen Herrn Müller geschlossen, klingelt das Telefon. In dem Moment fallen ihr wieder ihre Eltern ein, die sie immer noch nicht angerufen hat. Vielleicht ist es jetzt ihre Mutter …

»Hallo?«

»Spreche ich mit Frau Benita Cornelius? Ja? Das ist gut. Hier ist das ›Sophien- und Hufeland-Klinikum‹ in Weimar. Sie sprechen mit Oberschwester Katharina. Soeben wurde Herr Gregor Sittner in unsere Klinik eingeliefert. Er hatte einen Verkehrsunfall. Er gab Ihren Namen und diese Telefonnummer an. Hören Sie … sind Sie noch da?«

»… Ja … ich bin noch da. Ist er bei Bewusstsein, und wie finde ich Ihre Klinik? Ich werde sofort kommen – ich bin seine … seine Verlobte.«

»Frau Cornelius, wenn das so ist, sage ich Ihnen nur so viel – Ihr Verlobter schwebt nicht in Lebensgefahr. Ich darf ja eigentlich am Telefon keine Auskunft geben, aber, weil heute Weihnachten ist, mache ich mal eine Ausnahme. So, und jetzt gebe ich Ihnen eine Wegbeschreibung – haben Sie was zum Schreiben? Ja? Na dann, also passen Sie auf …«

Benita legt langsam den Hörer auf. Ihr ist schwindlig. Leicht wankend geht sie in die Küche. Dort hält sie sich am Tisch fest. Ihr wird übel.

116

Das hat aber weniger mit dem Telefonat zu tun. Das ist seit einer Woche oft der Fall. Und den Grund dafür kennt sie genau. Sie lächelt in sich hinein. Schnell setzt sie sich, und zwar auf den Platz, wo vor zwanzig Minuten Minka–Mulle noch geschlafen hat. Benita braucht jetzt einen klaren Kopf.

Zuerst wird sie ihre Eltern anrufen. Danach Gregors Eltern. Sie hat Glück. Ihre Mutter erreicht sie auf Anhieb. Auch ihr Schwiegervater scheint gleich neben dem Telefon gestanden zu haben.

Erledigt, denkt Benita, und bereitet nun den Kartoffelsalat zu. Sie entscheidet sich gleich für eine größere Portion, weil sie ihn zum Krankenhaus mitnehmen will. Als sie alles in einen Korb gepackt hat, verlässt sie die Nr. 22.

Es schneit wieder. Sie stapft durch den Schnee zum Parkplatz. Doch wo ist ›Emma‹? Kein einziges Auto ist zu sehen. Nur Schnee, Schnee, Schnee …

Wie komme ich jetzt zu Gregor ins Krankenhaus, überlegt Benita. Als sie sich so ganz verloren fühlt, sieht sie in der Ferne einen Bus. Er kommt immer näher und hält genau vor Benita an. Als sich die Tür öffnet, werden die Augen der hübschen jungen Frau riesengroß. Der Busfahrer ist kein anderer, als der Weihnachtsmann persönlich. Sie steigt ein. Als sie bezahlen will, schüttelt der Mann mit dem Rauschebart und dem roten Mantel nur freundlich den Kopf.

Er sagt: »Frohe Weihnachten, Benita!« Dann schließt er die Tür und fährt langsam los. Benita ist für Sekunden sprachlos. Woher kennt er meinen Namen, fragt sie sich und setzt sich. Krampfhaft hält sie ihren Korb fest, obwohl sie der einzige Fahrgast in diesem Bus ist. Nach zwanzig Minuten Fahrt haben sie das Klinikum erreicht. Der Bus hält. Die Fahrertür öffnet sich lautlos.

Benita nimmt ihren Korb und reicht dem Weihnachtsmann einen Pfefferkuchen mit den Worten: »Frohe Weihnachten und danke!« Dann steigt sie aus. Bevor der Weißbärtige die Tür zu macht, winkt er

117

und ruft ihr zu: »Viel Glück, Benita!«

Dann fährt er los, und als Benita sich noch einmal umsieht, ist der Bus, wie vom Erdboden verschluckt …

Benita läuft auf den Krankenhauseingang zu. An der Rezeption erfährt sie, dass ihr Gregor im ersten Stock der Chirurgie liegt. Die Zimmernummer erfährt sie von der Stationsschwester Gabi.

Zögernd klopft Benita an Gregors Tür an.

Als sie ein »Herein« vernimmt, steckt sie langsam ihren Kopf durch den Türspalt. Froh über Gregors lachendes Gesicht fällt ihr ein Stein vom Herzen. Sie geht hinein, stellt den Korb ab und umarmt ihren Liebsten so sehr, dass er ein »Au« nicht unterdrücken kann. Sofort lässt sie ihn los und holt sich einen Stuhl. Sie nimmt neben ihm am Bett Platz.

Benita ist froh, dass der Rest der Familie noch nicht da ist. Deshalb kann sie auch ihrem Schatz das mysteriöse Erlebnis mit dem Weihnachtsmann berichten, ohne lästernde Bemerkungen einstecken zu müssen. Gregor, der Benitas blühende Fantasie kennt, muss zwar auch schmunzeln, aber er gibt ihr das Gefühl, ihr zu glauben. »Schließlich ist heute Weihnachten, und da ist alles möglich«, sind seine Worte.

Eine Stunde später öffnet sich erneut die Tür. Gregors und Benitas Eltern sind endlich da. »Und Tante Olga?«, fragt Benita erstaunt.

»Die ist doch lieber in Berlin geblieben. Ist ihr zu viel Trubel«, antwortet ihre Mutter schulterzuckend.

Gregor muss nun ein zweites Mal ausführlich seinen Verkehrsunfall schildern. Als sich die Familie dann noch davon überzeugen kann, dass er ›nur‹ ein Bein gebrochen hat und eine Rippe geprellt ist, nimmt Gregor ein Schächtelchen vom Nachttisch. Feierlich schaut er in die Runde. Fünf Augenpaare schauen ihn erwartungsvoll an. Er öffnet das Schächtelchen und fasst Benitas linke Hand. Während er ihr einen Silberring mit einem winzigen Stein an den Finger steckt, fragt er sie: »Liebste Benita, normalerweise würde ich ja einen Kniefall machen.

118

Doch leider geht das im Moment nicht.«

Er sieht sie mit schiefem Lächeln an. »Aber, ich frage dich jetzt und hier, vor den Augen deiner und meiner Familie frage ich dich also: Willst du, Benita Cornelius, mich, Gregor Sittner, heiraten?«

Benita schweigt ... Gregor wird kalkweiß im Gesicht.

Sekunden vergehen ... dann endlich das erlösende: »Jaaaa ... jaaa, natürlich will ich!« Spontan platzen diese Worte aus Benita heraus. Sie beugt sich etwas vor und umarmt ihren Verlobten vorsichtig, um ihm nicht wieder weh zu tun. Dann küsst sie ihn zärtlich auf den Mund und drückt ihm einen kleinen Zettel in die Hand. Dabei flüstert sie ihm etwas ins Ohr.

Marina erfasst als Erste die Situation und meint zu den anderen: »Ich glaube, wir lassen das Brautpaar mal allein.« Dankbar schaut Benita ihre Mutter an.

Als die Familie nach einer Stunde wieder zurück ist, hält Gregor ganz glücklich einen Zettel in die Höhe und ruft voller Stolz: »Das ist unser Kind. Meine schönste Weihnachtsüberraschung!« Er küsst Benita wieder und wieder. Sie aber kann es noch gar nicht richtig fassen, dass er sich tatsächlich freut.

Aufgeregt greifen alle gleichzeitig nach dem Ultraschallbild. Sie reden wild durcheinander.

Plötzlich wird Gregor ganz ernst: »Ich glaube, ein so schönes Weihnachten hatte ich noch nie! Du etwa, Benita?«

Sie nickt nur und ihr ist so, als wenn der Weihnachtsmann vom Bus ihr zuflüstert: »Viel Glück, Benita!«

Emily und die Sonnenblume

Ein Samstagabend im Feriensommer 2016. Unsere zehnjährige Enkeltochter ist für ein paar Tage bei uns. Mein Mann und ich sehen eine Schlagersendung auf dem Sender MDR. Die interessiert aber Emily kein Stück. Sie geht viel lieber ihrer Lieblingsbeschäftigung, dem Malen nach. Da man bei einer Musiksendung nicht ständig auf den Bildschirm starren muss, werfe ich hin und wieder einen Blick zu meiner kleinen Künstlerin. Ich beobachte Emily nun schon eine ganze Weile. Sie steht vor einer Bodenvase, in der sich Kunstblumen befinden. In ihrer linken Hand hält sie ein weißes Blatt Papier. Sie scheint zu überlegen und fragt mich mit einem Mal: »Oma, was soll ich nur malen?« Noch bevor ich antworten kann, entnimmt sie der großen Vase eine der drei Sonnenblumen, steckt diese zwischen Lehne und Sitz des Sessels und macht es sich im selbigen bequem.

Fünf Minuten später ist das Bild fertig. Na ja, fast. Denn als ich meinen Fotoapparat zücke, ruft sie aufgeregt: »Nein, ich muss es doch noch ausmalen.« Stolz überreicht sie mir anschließend ihr ›Gemälde‹. Ich bin ganz begeistert und staune wieder einmal, was man aus einem weißen Blatt Papier alles machen kann …

Gezeichnet von Emily

Corona erreicht Deutschland

Bunte Ostern

In den Geschäften tummeln sich Schokohasen.
Dann muss doch Ostern auch bald sein,
wo man versteckt manch Nascherei im Rasen
und zwischen bunten Frühlingsblümelein?

Bunt sollen auch die Eier sein,
mit Farbe und mit Pinsel male ich sie an.
Auch fällt mir die Serviettentechnik ein –
von der ist meine Enkelin so angetan.

Und Emily kommt in den Ferien zu mir,
dann ist auch wieder Schreiben dran,
damit die Geschichte von Prinzessin und Vampir
nun wirklich bald beendet werden kann.

Der aktuellen Corona-Lage angepasst (2020)

Emily kam immer in den Ferien hierher,
damit sie sich dem Schreiben widmen kann.
Doch diesmal bleibt ihr Stuhl am Schreibtisch leer,
denn die Corona-Krise hindert sie daran.

Mit einem Mal ist alles anders

»Ich sehe eine Lücke«, hört sie ihn sagen, während sie auch schon auf den überfüllten Parkplatz einbiegt. Mehr aus Gewohnheit stellt sie kurz darauf das Auto nahe bei den EDEKA-Einkaufswagen ab.

»Schatz – zieh bitte die Handschuhe an«, ruft sie ihrem Mann nach, der bereits bei den Einkaufswagen steht und sich einen davon schnappt.

»Na dann eben nicht«, grummelt Lisa und streift sich ihre Gummihandschuhe über.

Ohne sich nach seiner Frau umzusehen, schiebt Martin den Wagen in Richtung Aldi, um dann in einer Schlange zu warten. Plötzlich meint ein junger Mann in der Kleidung eines Sicherheitsdienstes zu Martin: »Sie müssen einen Wagen von hier nehmen.«

Lisa, die inzwischen auch da ist, schaut etwas schadenfroh hinter ihrem Mann her, der brav den Einkaufswagen zurückbringt. Von ihrer Tochter wusste sie nämlich bereits, dass neuerdings Sicherheitsleute für mehr Ordnung in den Märkten sorgen.

Lisa holt derweil einen Aldi-Wagen, welcher vom Security sofort desinfiziert wird. Zufrieden darüber lächelt sie den Mann freundlich an.

Martin, der inzwischen zurück ist, nimmt seiner Frau schweigend den Wagen ab. Nun warten sie mit den anderen geduldig auf Einlass.

Auch hier wird der, inzwischen zum Alltag gewordene, Sicherheitsabstand von mindestens 1,5 Metern eingehalten. Keiner schaut grimmig, niemand schimpft – nein, im Gegenteil. Es entsteht ein kurzweiliger Smalltalk unter den Wartenden, bis der Sicherheitsmensch einen weiteren Kunden ins Geschäft winkt. Schließlich darf sich nur eine bestimmte Menge an Kundschaft im Laden aufhalten. Das versteht jeder. Im Geschäft selber hält sich allerdings nicht jeder daran, einen gewissen Abstand zu wahren. Lisa muss deshalb oft wegen eines Kunden warten, wenn der allzu lange im engen Gang vor einem Regal stehenbleibt, während Martin es gelassener sieht. Ihm scheint es egal zu sein, wenn sich jemand dicht an ihm vorbeischiebt.

An der Kasse müssen sich wieder alle, ob sie wollen oder nicht, an die neuen Corona-Regeln halten. Aufgeklebte Streifen und Kreuze auf dem Fußboden kennzeichnen den Pflichtabstand. Und jeder Kunde hält ihn tatsächlich ein.

Auch die Kassiererinnen bzw. Kassierer sind geschützt – mit Handschuhen und einer großen Plastikwand zum Kunden hin. Lisa zahlt, wie immer, bargeldlos und ist froh, Handschuhe anzuhaben. Die entsorgt sie nach dem Einkauf draußen im Papierkorb. Nicht gerade umweltfreundlich, geht es ihr durch den Kopf, aber immer noch besser, als das Virus zu bekommen.

Zuhause ist natürlich zuerst Händewaschen dran. 30 Sekunden lang. Auch daran haben sich Lisa und Martin mittlerweile gewöhnt. Er ist normalerweise nicht so der Händewasch-Typ, und Lisa erinnert ihren Mann auch gern daran. Aber im Großen und Ganzen klappt es schon. Und muss nicht jeder für sich entscheiden, was richtig ist, denkt Lisa gerade, als ihr etwas einfällt.

»Sag mal, hast du Toilettenpapier gesehen? Ich nämlich nicht.«

»Wo? Bei Aldi? Nein«, grummelt Martin und räumt die Eier in die Kühlschranktür.

»Haben wir denn keins mehr?«, fragt er, ohne seine Arbeit zu unterbrechen.

»Na ja, es reicht schon noch. Trotzdem hätte ich mir gerne etwas als Reserve mitgenommen.«

»Also hamstern, auf Deutsch gesagt«, kommt es etwas bissig von Martin, während er gerade drei Stück Butter in den Kühlschrank räumt.

»Hamstern würde ich das jetzt nicht nennen, aber mir kommt es so vor, als würden manche Leute das tun? Sonst gäbe es doch welches, meinst du nicht?« Mit einem Mal lacht sie los.

»Du, vielleicht wickeln sich einige damit ein und hoffen, dass das Corona-Virus sie dann nicht sieht – ha ha ha!« Lisa hält sich den Bauch.

Weil Martin so gar nicht reagiert, sagt sie: »Nun mal im Ernst, ich kann sowas nicht verstehen. Die Menschen tun gerade so, als wäre Krieg … obwohl …«

»Jaaa? Obwohl?«, unterbricht sie Martin. Er schließt den Kühlschrank. Dann wendet er sich seiner Frau zu, die sich kurz räuspert, bevor sie weiterspricht: »Diese Corona-Krise ist schon fast wie Krieg, hmm, und der französische Präsident Macron hat recht, mit dem was er gesagt hat.« Lisa sieht ihren Mann abwartend an.

»Was hat der denn gesagt?« Martin schafft die leere Stiege in die Garage und wartet Lisas Antwort gar nicht erst ab.

Lisa rennt ihm natürlich hinterher und erklärt, in der Haustür stehen bleibend: »Er hat gesagt: ›Wir sind im Krieg. Wir kämpfen weder gegen Armeen noch gegen eine andere Nation. Aber der Feind ist da, unsichtbar – und er rückt vor.‹ Erinnerst du dich nicht an seine Worte? Kam in den Nachrichten.«

Martin sieht Lisa nur erstaunt an, bevor er was sagen kann. Dann antwortet er mit einem leichten Kopfschütteln: »Na bravo, hast du das auswendig gelernt? Ich kann mich jedenfalls nicht daran erinnern. Du weißt doch, dass ich mir sowas nicht merke.« Und schon drängelt er sich an seiner Frau vorbei.

Lisa schnauft genervt, schließt die Haustür und ruft nach drinnen: »Den Sicherheitsabstand könntest du auch zuhause einhalten. Vielleicht hast du ja schon Corona, ja und, vielleicht hast du mich schon angesteckt!«

Martin, der sich gerade durch die Fernsehsender zappen will, sieht Lisa entsetzt an. »Wie bitte? Was redest du denn für'n Quatsch … hmm, zum Verrücktwerden, jeder Sender bringt nur noch Corona. Da muss man ja krank werden. Den Leuten wird dieses Virus regelrecht eingeredet. Kein Wunder, dass es so viele Infizierte gibt. Die infizieren sich allein von dem Gerede der Politiker und Co. Und was ganz schlimm ist – jedes Bundesland kocht sein eigenes Süppchen. Mir reicht's, ich schalte die Kiste jetzt aus.«

Lisa setzt sich zu ihrem Mann auf die Couch, streicht zärtlich über seine Hand und fragt:»Wollen wir ein Stück spazieren gehen? Es ist sooo schön draußen.« Sie lehnt ihren Kopf kurz an Martins Schulter. Er scheint ihre Nähe zu genießen, denn er rührt sich nicht. In dieser Haltung verharrt das Ehepaar einige Minuten. Dann meint Martin und sieht Lisa dabei in die Augen:»Genau, das machen wir. Das dürfen wir ja noch. Zum Glück.«

Nach einer Stunde kommen Lisa und Martin von ihrem ausgedehnten Spaziergang zurück.

Wenige Autos waren unterwegs, auch sind ihnen kaum Leute begegnet. Und wenn, waren sie auch nur zu zweit.

»Jetzt habe ich richtig Hunger. Hörst du, wie mein Magen knurrt?« Lisa kichert und beginnt, den Tisch zu decken.

»Es ist ja auch fast 18 Uhr, also Zeit fürs Abendbrot«, meint Martin und hilft seiner Frau.

Zehn Minuten später sitzen beide am Tisch. Schweigend genießen sie ihr Abendessen, und sie scheinen in ihre eigenen Gedanken vertieft zu sein.

»Mit einem Mal ist alles anders!«

Martin schaut auf.»Wie kommst du jetzt darauf, und was meinst du?«, fragt er mit vollem Mund.

»Kau erst mal runter«, sagt Lisa grinsend und lehnt sich zurück. Nachdenklich betrachtet sie ihren Mann, bevor sie weiterspricht.

»Ich denke an Ostern. In ein paar Tagen ist es wieder soweit. Normalerweise würde ich einen Kuchen backen und Eier kochen und die dann färben. Voriges Jahr habe ich für die Enkelkinder welche versteckt und ein paar Naschereien dazu. Auch wenn sie schon groß sind – du weißt, dass sie das noch immer lieben. Und in diesem Jahr …?« Sie seufzt traurig.

Martin kaut rasch den letzten Bissen herunter und fasst nach Lisas Hand. Er hält sie fest, als er mit treuherzigem Blick zu ihr sagt: »Schau mal, es ist traurig, ja, aber das muss doch nicht so bleiben. Und, ich verspreche dir, gekochte Eier gibt es jeden Morgen zum Frühstück, zumindest in der Osterzeit. Ja, und einen Kuchen? Den kannst du trotzdem backen. Diesmal nur für uns zwei.«

»Ach, wenn ich dich nicht hätte«, sagt Lisa lachend.

Eine Weile sieht sie ihn grübelnd an. Plötzlich entzieht sie ihm ihre Hand, räumt den Tisch ab und meint spitzbübisch, während sie bereits die Treppe zu ihrer Bibliothek hinaufgeht: »Mir ist gerade eine Geschichte für die gemeinsame Anthologie unserer Autorenrunde eingefallen. Du weißt schon – also bitte nicht böse sein. Aber die muss ich jetzt aufschreiben, bevor ich sie vergesse.«

»Verstehe«, antwortet Martin, doch wie zu sich selbst brummelt er: »Wenn auch mit einem Mal alles anders ist, liebste Lisa, hinsichtlich deiner Schreiberei hat sich nichts geändert.«

Er öffnet die Terrassentür, zündet sich eine Zigarette an und setzt sich raus. Während er den Rauch in die Luft pafft, denkt er über sich und seine Frau nach. Im Grunde genommen haben sie beide ihre Gewohnheiten, an der nicht einmal eine Corona-Krise etwas ändern kann … noch ahnt er nicht, dass diese erst begonnen hat.

Bleib zu Hause!

Lieber ›Gott‹, ich frage Dich:
hast Du einen Rat für mich,
wie bleibe ich gesund?

»Wenn du brav zu Hause bleibst
und dir wäschst die Hände,
den Einkauf mit Mundschutz gar betreibst,
bleibst du gesund am Ende.
Spazieren gehen darfst du schon,
nur halte Abstand zur anderen Person.
Erst dann macht sie tatsächlich Sinn –
die Kontaktsperre
zu ihm, zu ihr, zum Nachbarn hin.

Lieber ›Gott‹, verrätst Du mir,
wie ich Corona kann umgehen?
Denn ganz so einfach ist das nicht,
wie wir an den vielen Toten sehen.
Du beobachtest doch von oben das Geschehen,
sogar des Nachts bei Mond- und Sternenlicht.
Und deshalb hoffe ich:
Das Virus kann Dir nicht entgehen!

Weitere C o r o n a Gedichte

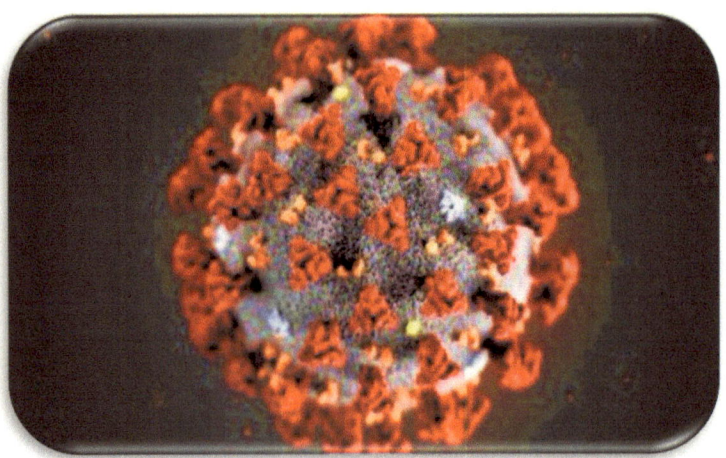

Es ist kein Spiel

Unsichtbarer böser Feind –
wo nur versteckst Du dich?
DU – Corona bist gemeint.
So langsam wirst Du aufdringlich!

Wuhan war Dein erstes Ziel,
bis es Dich nach Italien zog.
Anfangs glaubte jeder an ein Spiel –
inzwischen sind Tausende schon tot.

China und Italien genügen Dir nicht.
Du greifst nach der ganzen Welt,
die in Dir erkennt den Bösewicht –
nur Du siehst dich als Superheld.

Du garstiges Corona-Virus!
Hast du denn noch nicht genug?
Du frisst immer weiter mit Genuss
Menschenleben – Zug um Zug!

Corona kann mich mal!

2020 gibt es nur die Erinnerung

an vergangene Jahre ohne Unbehagen.

Zum Glück fühl ich mich kerngesund,

und Corona »kann mich gerne haben!«

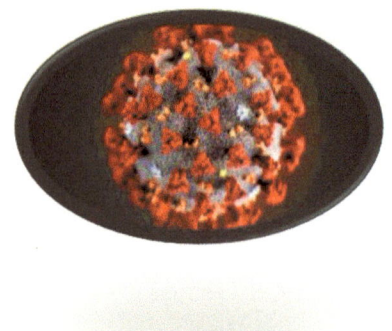

Mit etwas Glück

Mit etwas Glück gelingts vielleicht
durch Putzen Viren wegzukriegen.
Dann wäre es tatsächlich leicht,
Corona in den Griff zu kriegen.

Oder bleibt dieser Wunsch unerreicht,
die Corona-Krise zu besiegen?
Nein – mit etwas Glück gelingst vielleicht,
und wir haben endlich wieder Frieden!

Nach Corona ist vor Corona

Es klingelt. Ich lege das Buch auf die Seite und gehe zur Tür, um zu öffnen. Draußen steht unsere Nachbarin mit einem Teller in der Hand. »Hier, ich habe zur Feier des Tages gebacken«, sagt sie strahlend und reicht mir den Teller rüber. Ich weiche zurück. Muss an den Mindestabstand denken, den es seit Monaten gilt, einzuhalten. Hilfesuchend sehe ich mich um, denn meine Maske liegt drinnen.

»Keine Angst, es ist vorbei.«

»Vorbei? Was meinst du damit?« Ich sehe die Nachbarin wahrscheinlich so entgeistert an, dass sie zu lachen beginnt.

»Corona ist vorbei. Wir dürfen uns wieder frei bewegen, wir können uns auch wieder treffen, so wie jedes Jahr. Du verstehst?«

»Ich bin ja nicht taub«, erwidere ich etwas gereizt. Trotzdem verstehe ich kein Wort.

»Was bedeutet: Treffen? Und wo?« Irritiert sehe ich sie an.

»Zum Glühwein, meine Liebe …«

Stimmt, wir haben ja schon wieder Weihnachten, denke ich und höre meine Nachbarin weitersagen: »na, unser jährliches Glühweintreffen bei uns in der Garage. Die anderen Nachbarn wissen schon Bescheid. Ihr seid die Letzten. Nun nimm schon den Teller, bevor mein Arm abfällt.«

»Danke, ja, aber …«, ich gehe noch einen Schritt zurück, »du, ich muss das erst sacken lassen und mit meinem Mann besprechen.«

»Klar, mach das. Eine schriftliche Einladung kommt noch. Also, lasst euch die Plätzchen gut schmecken!«

Mit diesen Worten stellt meine Nachbarin den Teller unten ab.

»Machen wir, und danke.«

Ich winke ihr nach, bücke mich nach dem Teller und schließe rasch die Tür, denn wer sagt mir, dass wirklich alles vorbei ist?

Green Moon

In einem sehr kleinen Land – versteckt hinter sieben Wäldern, sieben Gebirgen und sieben Meeren – lebten vor langer, langer Zeit ein König namens Arthur und eine Königin mit dem schönen Namen Amanda, der nichts anderes bedeutet, als die ›Liebenswerte‹.

Dieses kleine Land lag am Fuße eines hohen Berges und wurde Green Moon, also Grüner Mond genannt.

Green Moon deshalb, weil der Berg ganz und gar mit grünen Tannen bewachsen war und das Schloss, welches sich auf der obersten Bergspitze befand, bis hoch zum Mond reichte.

Es war ein prunkvolles Schloss, in dem das Königspaar glücklich und zufrieden lebte und seine Regierungsgeschäfte führte.

Weite Getreide- und Maisfelder, üppige Wiesen mit weidenden Schafen und ein großer Mischwald voller Rot- und Schwarzwild grenzten an Green Moon.

Der König und seine Frau waren gut zu ihren Untertanen und deshalb auch überall beliebt.

Amanda ließ sich oft in dem Ort blicken, und zwar immer dann, wenn der König wieder mal wegen seiner Staatsgeschäfte unterwegs war. Dabei konnte sie ihm sowieso nicht helfen. Aber für die Sorgen und Nöte der Bauern hatte sie stets ein offenes Ohr, obwohl die Dorfbewohner selten Grund zur Klage hatten.

So konnte die Königin frohen Mutes und stets mit einem freundlichen Lächeln von Haus zu Haus gehen, oder den Bauern auf den Feldern bei der Arbeit zusehen.

Jedoch, wenn sie die vielen Kinder sah, die fröhlich herumtollten und miteinander spielten, bekamen ihre Augen jedes Mal einen traurigen Schimmer.

Als Amanda wieder einmal von solch einem Ausflug heimkam, fasste sie sich ein Herz und sprach zu ihrem Mann: »Arthur, Liebster, warum haben wir keine Kinder?«

Der König wusste darauf auch keine Antwort.

So geschah es, dass Arthur und Amanda von einem Tag auf den anderen nicht mehr glücklich und zufrieden waren.

Sie gingen von nun an betrübt durch das Schloss. Das Gesinde traute sich nicht mehr zu lachen, wenn einer der Beiden in der Nähe war, und es verstummte sofort, sobald Arthur oder Amanda nur zu hören waren.

Auch unter den Menschen in Green Moon wurde es ganz still. So vergingen Wochen und Monate und Jahre.

Doch eines Tages hörte man, die Königin bekäme ein Kind. Im ganzen Land herrschte große Aufregung. Das Volk kroch aus seinem Schneckenhaus hervor und tanzte fröhlich die Dorfstraße entlang. Auch die Kinder trauten sich wieder aus den Häusern, um ihren gewohnten Spielen nachzugehen. Und das Königspaar war glücklicher und zufriedener als je zuvor.

Kaum war die kleine Agatha, was ›die Gute‹ bedeutet, auf der Welt, gab das Königspaar vor lauter Freude ein riesiges Fest. Alle Dorfbewohner kamen. Sie standen an, um den neuen Erdenbürger bewundern und begrüßen zu können und um ihre Geschenke darzubringen. Die Menschenschlange reichte vom Dorf ›Green Moon‹ bis hinauf zum Schloss. Es wurde gefeiert eine ganze Woche lang.

Drei Monate nach der Geburt des ersten Kindes hieß es; hinter vorgehaltener Hand; die Königin sei wieder guter Hoffnung. Im Schloss und im ganzen Land wurde dieses große Ereignis erneut gefeiert.

Die zweite Tochter Beata wurde auf den Tag genau ein Jahr nach Agatha geboren. Und Beata heißt nichts anderes als ›die Glückliche‹, denn das Königspaar konnte sein Glück kaum fassen. Und nur ein Jahr später kam das dritte Kind zur Welt. Wieder war es ein Mädchen. Es bekam den Namen Cordula, was so viel wie ›Herzchen‹ bedeutet.

Es hätte alles so schön sein können, denn Agatha und Beata entwickelten sich prächtig. Aber die Königin lag nach Cordulas Geburt mit Kindbettfieber darnieder. Von Tag zu Tag wurde sie schwächer. Als sich der König keinen Rat mehr wusste, ließ er endlich nach dem königlichen Leibarzt Muselmann rufen. Der eilte auch so schnell er konnte zur Königin, doch es war zu spät. Er konnte nicht mehr helfen. Für den König brach eine Welt zusammen.

Arthur blieb mit seinen drei Kindern traurig und allein im Schloss zurück. Er verhängte ein Trauerjahr über das ganze Land. Und auch danach kam die alte Fröhlichkeit nicht wieder. Die Bauern gingen stumm ihrer Tätigkeit nach, und die Kinder hatten das Lachen verloren.

Der König kümmerte sich, so gut es ging, um seine Mädchen. Er liebte sie abgöttisch, waren doch alle Drei seiner Amanda wie aus dem Gesicht geschnitten.

Weil er aber seine Staatsgeschäfte nicht vernachlässigen durfte, schickte er einen Boten aus, der alle kinderlosen Frauen aufs Schloss holen sollte. Es meldeten sich alte, junge, schöne und hässliche Frauen. Aus den zehn Schönsten suchte er sich eine Kinderfrau aus. Zwar konnte Corona, so nannte sie sich, die Mutter nicht ersetzen, doch sie machte einen sehr lieben Eindruck.

Leider täuschte der, denn Corona war nicht sehr lieb zu den Kindern. So kam es dem König von allen Seiten zu Ohren. Um der Sache auf den Grund zu gehen, legte er sich eines Tages auf die Lauer. Als er seine Töchter weder im Schlossgarten noch im nahegelegenen Wäldchen spielen sah, machte er sich wirklich Sorgen, und er begab sich auf die Suche nach seinen drei Kindern. Schließlich entdeckte er sie in ihren Kinderzimmern, jede allein für sich. König Arthur wurde wütend und stellte die Kinderfrau zur Rede. Sie wies alle Schuld von sich. Denn die Kinder hätten es so gewollt. Der König glaubte ihr. Es gab auch keine neuen Klagen, so dass er ungestört arbeiten konnte.

Als er jedoch zwei Wochen später unerwartet zeitiger von der Reise zurückkam, hörte er seine Kinder weinen.

Er konnte sie aber nirgends entdecken. Wo nur konnten sie sein, überlegte er, und wo war Corona? König Arthur blieb nichts weiter übrig, als im ganzen Schloss nach ihnen und der Kinderfrau zu suchen.

Er begann mit der Suche auf dem Dachboden und arbeitete sich Stockwerk für Stockwerk nach unten.

Je tiefer er kam, desto lauter wurde das klagende Weinen seiner Kinder. Schließlich war er im Keller angelangt. Jetzt wurde das Wimmern der Prinzessinnen so laut, dass sich der König die Ohren zuhalten musste.

Arthur blieb wie erstarrt und mit klopfendem Herzen vor der einzigen großen Eichenholztür stehen. Langsam und mit zitternder Hand drehte er den wuchtigen Schlüssel herum. Knarzend öffnete sich die Tür, und das Weinen hörte schlagartig auf.

Der König schaute vorsichtig durch den Türspalt. Als sich seine Augen an die Dunkelheit des fensterlosen Kellerraumes gewöhnt hatten, konnte er Agatha auf dem Steinfußboden liegen und Beata auf einem Stuhl sitzen sehen.

Cordula aber war nirgends zu entdecken.

Ohne lange zu überlegen stürmte der Vater zu seinen beiden Mädchen und löste rasch die Fesseln von ihren Füßen und Händen.

In dem Moment hörte er ein Stöhnen. Er tastete sich vorsichtig bis in die hinterste Ecke dieses finsteren Raumes.

Dort fand Arthur einen kofferähnlichen Behälter.

Er kniete sich nieder und öffnete diesen. Was er dann sah, war unfassbar. Cordula lag zusammengekauert in diesem Koffer.

Behutsam nahm der Vater seine jüngste Tochter heraus und trug sie auf seinen Armen aus dem Verlies, während Agatha und Beata sich rechts und links an seiner Hose festklammerten und bittere Tränen vergossen.

Die böse Kinderfrau aber verjagte der König sogleich aus seinem Schloss und verbannte sie für immer aus seinem Land. Corona war fortan nie mehr gesehen.

König Arthur zog es nun vor, seine drei Kinder alleine großzuziehen. Und es gab seitdem keinen einzigen Tag mehr, an dem sie voneinander getrennt waren. Seine Staatsgeschäfte tätigte er ab sofort im Homeoffice vom Schloss aus. Arthur nutzte jede freie Minute, um seinen Töchtern nahe zu sein, und er las ihnen jeden Wunsch von den Augen ab. Beizeiten erkannten die Mädchen, dass sie ihren Vater ganz leicht um den Finger wickeln konnten. Sie brauchten nur einen Wunsch zu äußern und er wurde ihnen erfüllt.

Agatha, Beata und Cordula wurden allmählig erwachsen. Prinzen aus den Nachbarländern kamen angereist und warben um die schönen Prinzessinnen. Es dauerte auch gar nicht lange, und alle Drei waren ›unter der Haube‹.

Die drei Schwestern heirateten drei Prinzenbrüder, deren Schloss nur wenige Meilen von Green Moon entfernt lag. Nach einem rauschenden Hochzeitsfest, das drei Tage und drei Nächte dauerte, verließen seine Töchter das heimatliche Schloss ihrer Väter und lebten fortan im Nachbarland auf Schloss Sun Moon.

König Arthur war von einem Tag auf den anderen allein. Das machte ihn sehr, sehr traurig, und ihm wurde davon das Herz ganz schwer. Der Hof- und Leibarzt Muselmann probierte ein Mittel nach dem anderen, um den König aus seiner Depression zu holen. Aber nichts davon half. Er ging weiterhin mit hängenden Schultern und trauriger Miene durch das Schloss. Ihm fehlte das fröhliche Lachen seiner Mädels, das sonst von früh bis spät durch die Schlossmauern hallte. So vergingen Wochen und Monate. Doch irgendwann gewöhnte sich Arthur an sein neues Leben. Um sich von seinen trüben Gedanken abzulenken, begann er, alle hundert Zimmer im Schloss aufzuräumen. Dabei entdeckte er seine alte Gitarre. Er zupfte gedankenverloren eine

Melodie auf den Saiten und erinnerte sich mit einem Mal an seine Jugendzeit. Warum sollte er nicht wieder seinem Hobby, der Musik, frönen? Seine Freunde aus den anderen Königshäusern hörten davon. Sie kamen, so schnell als möglich, angereist. Der König freute sich darüber und gründete mit seinen zwei allerbesten Freunden Baltasar und Christopher eine Band. Von nun an zogen sie gemeinsam fröhlich musizierend durch die Lande.

Nach jeder Tournee kehrte Arthur in sein Schloss zurück. Hier aber überkam ihn jedes Mal die Einsamkeit. Agatha, Beata und Cordula fehlten ihm so sehr.

Eines Tages hatte er eine Idee. Er beschloss, seine Töchter in jeder freien Minute zu besuchen. Und kaum war er von der nächsten Musiktour zurück, ruhte er nur ein paar Stunden aus, um dann ganz schnell zu seinen drei Mädels nach Sun Moon zu reisen. Das machte er nun nach jeder Tour.

Nichts und niemand konnte diese traute Idylle stören – bis König Arthur einer Frau begegnete.

Als er sie seinen Töchtern vorstellen wollte, passierte etwas, womit keiner gerechnet hatte.

Agatha bekam einen Schreikrampf und lief blau an.

Beata fiel in Ohnmacht. Sie musste reanimiert werden.

Cordula aber verließ das Schloss und ward eine ganze Woche lang nicht gesehen. Bis heute weiß keiner, wo sie damals war.

Von da an ging Arthur allen weiblichen Wesen aus dem Weg. Ein Jahr gelang ihm das auch. Doch wie es das Schicksal wollte, lernte der König erneut eine Frau kennen.

Er war wieder einmal mit seiner Band unterwegs, als er sie zum ersten Mal sah. Er wunderte sich über eine dicht gedrängte Menschenmenge. Arthur konnte sich den Grund dafür nicht erklären. Neugierig ging er näher heran und erkannte mit Staunen, dass eine bezaubernde junge Frau an einem Tisch voller Bücher saß, aus denen sie vorlas. Die Leute hörten ihr mit weit aufgerissenen Augen und offenen Mündern zu. Sie hingen regelrecht an ihren Lippen.

Arthur stockte fast der Atem. So etwas hatte er noch nie gesehen. Leider hatte er keine Zeit. Er musste weiter. Er musste zu seiner Band, zu einem Auftritt.

Doch der Gedanke an die wunderschöne Frau ließ ihn nicht mehr los und verfolgte ihn bis in seine Träume.

Eine Woche nach dieser sonderbaren Begegnung sah er die Frau wieder. Weil er von ihrer faszinierenden Schönheit so überwältigt war, fasste er sich ein Herz und sprach sie an.

Von da an trafen sie sich öfter, und nach und nach verliebten sie sich ineinander.

Es kam der Tag, da wollte keiner der Beiden mehr ohne den anderen sein. Arthur und Elvira beschlossen, gemeinsam durchs Land und durchs Leben zu gehen.

Es hätte alles so schön sein können, wenn Arthurs Töchter nicht gewesen wären. Sie waren inzwischen so an die Besuche ihres Vaters ohne eine Frau an seiner Seite gewöhnt, dass sie es sich nicht mehr anders vorstellen konnten. Was wollte ihr Vater überhaupt mit einer Frau? Schließlich hatte er doch sie – Agatha, Beata und Cordula! Das musste ihm doch genügen …

Ja, und außerdem steckte Arthur noch immer der Schreck von damals in den Gliedern, als er seinen Töchtern die erste Freundin vorgestellt hatte. Diese schreckliche Situation wünschte er sich nie wieder.

Deshalb durfte niemand etwas von der Existenz seiner Freundin erfahren. Und wenn er seine Liebe zu Elvira geheim hielt, konnte nichts passieren.

So dachte er jedenfalls.

Aber hatte er nur einen Moment auch an Elvira gedacht? Wusste er von ihren Tränen? Wie oft weinte sie sich in den Schlaf, wenn er sie wieder vor aller Welt verleugnete und ganz besonders vor seinen

Töchtern? Das tat ihr nämlich furchtbar weh. Dabei liebte sie seine Töchter wie ihre eigenen Kinder. Das musste er doch spüren? So dachte sie jedenfalls.

Doch woher sollte König Arthur von Elviras Kummer wissen? Sie sprach ja nie mit ihm darüber. Lieber zog sie sich in ihr Schneckenhaus zurück und schrieb kleine Geschichten oder malte wunderschöne Bilder.

Weihnachten war längst vorbei und Silvester stand vor der Tür. Arthur, der sich gar nicht mehr für seine Regierungsgeschäfte zu interessieren schien, weil er viel lieber mit seiner Band durch die Lande zog, dachte auch immer weniger an seine hübsche Freundin.

Elvira war wieder mal allein. Sie saß an ihrem Schreibtisch, schaute traurig auf die verwelkten Rosen, die ihr König Arthur am Heiligabend geschenkt hatte und malte gedankenverloren einen blau schimmernden See auf ein weißes Blatt Papier. Plötzlich fiel ein Rosenblatt auf diesen See und begann darauf zu schwimmen. Elviras Augen weiteten sich, denn auf dem Rosenblatt saß ein Frosch, der sie aus seinen Glubschaugen vergnügt ansah.

»Wo kommst du denn her?«, stotterte Elvira und erschrak noch mehr, als das Tier mit einem Mal zu sprechen anfing.

»*Wieder bist du allein, Elvira*«, und er blinkerte mit seinen Augen, was irgendwie komisch aussah.

»*Weißt du, was heute für ein Tag ist?*«, fragte er noch.

Elvira öffnete den Mund, brachte aber kein Wort heraus.

»*Heute ist Silvester*«, quakte der Frosch unbeirrt weiter.

»*Natürlich muss dein Arthur gerade heute mit seiner Band auf irgendeiner wichtigen Party spielen. Aber warum wieder ohne dich? Bist du ihm nicht wichtig?*«

Elvira sah sich um, als hätte sie Angst, dass sie jemand hören könnte. Dann beugte sich etwas vor und flüsterte dem Frosch ins Ohr:

»Es darf keiner wissen, dass er mit mir befreundet ist. Er hält es streng geheim.« Der Frosch rollte mit den Augen.

»Das verstehe ich nicht. Aber ich hätte da eine Idee. Wozu bin ich ein Zauberfrosch?«

Elvira blickte den Frosch skeptisch an.

Jetzt zwinkerte ihr der kleine Kerl zu, was durch seine Glubschaugen noch drolliger wirkte und er flüsterte nun auch: *»Ich werde mit einem Zauber dafür sorgen, dass alles gut wird.«*

»Ja, aber …«

Wie erstarrt blickte Elvira auf ihren gemalten See mit dem Rosenblatt, auf welchem gerade noch ein Frosch saß …

Doch da lenkte sie das Schließen eines Schlüssels ab. Sie starrte auf das Türschloss. Ihr Gesicht hellte sich auf, als Arthur im gleichen Moment ihr Büro betrat. Elvira erhob sich mit strahlendem Lächeln, umarmte ihren Liebsten und sagte mit einem leichten Zittern in der Stimme: »Schatz, endlich bist du da! «

König Arthur beugte sich zu seiner Elvira herunter und gab ihr einen Kuss. Dann überreichte er ihr einen frischen Strauß roter Rosen und verließ den Raum wieder.

Elvira fasste nach der Vase. Mit Erstaunen stellte sie fest, dass der alte Rosenstrauß, wie durch Zauberhand, verschwunden war. Auch das Blatt, auf dem der Frosch noch vor wenigen Minuten saß, war weg. Der Frosch, genau … überlegte sie.

Kopfschüttelnd stellte sie nun die herrlichen Rosen in die Vase, die sogar mit frischem Wasser gefüllt war. Plötzlich vernahm sie ein leises Quaken hinter sich. Elvira drehte sich verwundert um und hörte: *»Elvira, viel gemeinsame Zeit mit deinem Arthur zu verbringen, wird jetzt Wirklichkeit … erinnerst du dich an dein Weihnachtsgeschenk für ihn?«*

Während Elvira mit großen erstaunten Augen das Bild auf ihrem Zeichenblatt betrachtete, betrat Arthur plötzlich in Jeans, einem weißen Hemd und mit einem großen Koffer das Zimmer. Still nahm er Elvira bei der Hand und sagte lächelnd zu ihr: »Meine Liebste, heute nehme ich dich mit nach Sun Moon, und stelle dich endlich meinen Töchtern vor!« Elvira glaubte sich verhört zu haben. »Wirklich? «, fragte sie zaghaft. Arthur nickte, und sie konnte ihr Glück kaum fassen. Mit einem heimlichen Blick zu ihrem Zeichenblatt, auf dem der Blaue See langsam verblasste, murmelte Elvira: »Danke, kleiner Zauberfrosch«.

Dann hakte sie sich bei ihrem König unter und machte sich mit ihm auf den Weg nach Sun Moon, um gemeinsam mit seinen Töchtern und ihren Kindern Silvester zu feiern.

Ein halbes Jahr später wurde im Schloss von Green Moon die größte Hochzeit aller Zeiten gefeiert. König Arthur heiratete endlich seine Elvira. Alle Bewohner von Green Moon und auch die von dem Nachbarland Sun Moon waren zur Hochzeit geladen. Es wurde ein rauschendes Fest von sieben Tagen und sieben Nächten. So ausgelassen vor Freude war die Bevölkerung lange nicht. Und als dann das neue Königspaar ein Jahr darauf Eltern von Zwillingen wurde, gab es wieder ein Fest.

Königin Elvira und König Arthur bekamen noch viele Kinder – und wenn sie nicht gestorben sind, dann leben sie noch heut.

Wem es aber gelingen sollte, die sieben Wälder, sieben Gebirge und sieben Meere zu überqueren, der könnte mit etwas Glück nach Green Moon gelangen, um das Schloss in seiner vollen Pracht zu bewundern. So erzählt man sich jedenfalls immer noch …

Ein Schmetterling im Winter

Es ist Mitternacht. Im Hause der Müllers ist alles ruhig. Auch die zehnjährige Nele schläft tief und fest in ihrem Bett. Der Vollmond leuchtet vom Sternenhimmel genau durch das Kinderzimmerfenster in Neles Gesicht. Mit einem Mal flackern ihre Augenlider, so, als würde sie träumen …

Nele erhebt sich, und wie in Trance geht sie langsam zum Fenster. Weiße Flocken fallen vom Himmel. Verträumt blickt sie hinaus in den Garten. Im Schnee entdeckt sie einen kleinen blauen Punkt, nicht größer, als ein Zweieurostück. ‚Was kann das wohl sein‘, fragt sich Nele noch, als der Punkt auch schon auf ihr Fenster zugeflogen kommt. Erschrocken weicht Nele einen Schritt zurück. Dieser merkwürdige Punkt flattert aufgeregt vor dem Fenster auf und ab und bleibt mit einem Ruck an der Scheibe kleben. Neugierig nähert sich Nele wieder ihrem Fenster und erkennt, dass der flatternde Punkt ein herrlich blauer Schmetterling ist. ‚Na so etwas‘, denkt sie überrascht, und nicht mit einer Silbe kommt ihr in den Sinn, dass es im Winter gar keinen Schmetterling geben kann. Ihr einziger Gedanke gilt jetzt seiner Rettung. Aber wie sollte sie das anstellen?

Vorsichtig macht Nele das Fenster auf, und schwupps – schon sitzt der kleine Kerl auf ihrer Hand. Kichernd zuckt Nele mit der Hand zurück und flüstert: „Das kitzelt.“ Der Schmetterling fliegt von Neles Hand auf das Fensterbrett und breitet einen kurzen Moment seine wunderschönen blauen Flügel aus. Dann hört Nele ein zartes Stimmchen sagen: „Dafür, dass du mich vorm Erfrieren gerettet hast, und weil morgen Weihnachten ist, bekommst du von mir ein kleines Geschenk.“

Hat jetzt etwa der Schmetterling mit ihr gesprochen? Doch so sehr sich Nele auch umschaut, es ist kein Schmetterling mehr zu sehen.

„Aufstehen, du Schlafmütze", hört Nele ihre Mutter rufen, „wollten wir nicht heute rodeln gehen?" Bevor Nele etwas antworten kann, hat Frau Müller bereits das Zimmer ihrer Tochter verlassen. Nele reibt sich die Augen. Da fällt ihr die wundersame nächtliche Begegnung ein. Da war ein Schmetterling, der ihr etwas schenken wollte. Ruckartig springt sie aus dem Bett und starrt auf den Fenstersims.

Tatsächlich. Da liegt etwas. Ein kleines blaues Kästchen erregt Neles Aufmerksamkeit. Magisch angezogen greift sie danach, hebt den Deckel hoch und schaut hinein … sie nimmt vorsichtig einen kleinen blauen Schmetterling aus Papier heraus. Nicht größer, als ein Zweieurostück.

Nie wieder Lotto!

»Hast du alle Zahlen angekreuzt«, fragte Martin noch, bevor auch er die Wohnung des befreundeten Ehepaares verließ. Seine Frau wartete schon ungeduldig vor dem Haus. Es regnete und den Schirm hatte ihr Mann.

»Ja, habe ich. Wie immer die gleichen Zahlen«, rief Manfred seinem Freund noch hinterher. Doch der war bereits draußen.

Manne, wie Manfred von all seinen Bekannten genannt wurde, machte die Wohnungstür zu. Er ging in die Küche zu seiner Frau, die gerade dabei war, die Weingläser abzuwaschen.

»Ich komme auch gleich. Du kannst schon den Fernseher anstellen.« Hilde lächelte ihren Göttergatten an, denn sie wusste, dass er auf keinen Fall die Sendung mit den Lottozahlen verpassen wollte. Deshalb beeilte sie sich und erschien genau in dem Moment, als ihr ›Spiel‹ an der Reihe war. Gleich bei der ersten Ziffer war ihr klar, dass sie wieder nicht gewonnen hatten. Da hörte sie Manne auch schon resigniert sagen: »Mist. Nun spielen wir schon das siebte Jahr, und wieder nichts!« Hilde legte ihre Hand auf Mannes Arm. Liebevoll streichelte sie ihn, stand auf und fragte: »Du auch einen Schnaps?«

»Hilft zwar nichts, aber ja.«

»Vergiss nicht, den Lottoschein abzugeben«, rief Hilde ihrem Mann zu, der sich gerade auf sein Fahrrad schwang, um in den Garten zu fahren. Da er das jeden Samstag machte und der Lotto-Laden direkt auf dem Weg lag, war er auch derjenige, der immer den Schein abgeben musste. Er sah kurz auf die Uhr. Es war erst um zehn. Also noch genügend Zeit, dachte er und fuhr um die Ecke. – Was ist das? Ein Unfall? Manne blieb abrupt stehen. Fast wäre er über den Lenker abgestiegen. Das Rad neben sich herschiebend ging er näher. Da sah er einen Mann auf der Straße liegen, und der Fahrer des vermeintlichen

Unfallautos lief, wild mit den Armen gestikulierend, umher. Manne überlegte nicht lange und kniete auch schon neben dem Verunfallten. Erste Hilfe leisten war nun mal Bürgerpflicht, für ihn als Sanitäter sowieso. Nebenbei bekam er mit, dass einer der herumstehenden Passanten von der Telefonzelle aus Polizei und Krankenwagen gerufen hatte.

Da das in der damaligen DDR in den Sechzigern geschah, ist es nach heutiger Sicht verständlich, dass es eine geraume Zeit dauerte, bis die Polizei eintraf. Manne musste also warten. Als man dann endlich auch seine Personalien aufgenommen hatte, sprang Manne auf sein Rad und fuhr zum Lottoladen. Doch zu spät. Der hatte inzwischen geschlossen. Es war bereits fünf nach zwölf. Das war jedoch im Moment kein Drama für Manne.

Erst Tage später stellte sich das ganze Drama heraus. Wieder saß Manne mit seiner Hilde vor dem Fernseher, um die Lottozahlen zu vergleichen. Bei der letzten Ziffer wusste Hilde sofort Bescheid. Manne, der neben ihr saß, murmelte: »Mist! Nun habe ich in den sieben Jahren ein einziges Mal den Lottoschein nicht abgegeben, da gewinnen wir? Dazu noch eine große Summe!«

Eine halbe Stunde später klingelte es. Manne öffnete die Tür und führte Martin und Monika ins Wohnzimmer zu Hilde, die jedem ein Glas Korn in die Hand drückte.

»Auf das Pech trinken wir«, sagte sie, und alle vier waren sich einig: Nie wieder Lotto!

Des Unsinns Sinn

Wenn einer eine Reise tut, dann kann er was erzählen. Das erzählt zumindest der Volksmund.

Ich gehe immer wieder den gleichen Weg, obwohl ich ihn schon hundertmal gegangen bin. Warum ich das mache, weiß ich selber nicht. Also kann ich diese Frage auch nicht beantworten. Wenn ich das auch gerne täte – tätärätätäte – so ist das nun mal.

Ihr fragt euch sicher, warum ich solchen Quatsch erzähle bzw. schreibe. Nun, weil es mir Spaß macht. Manchmal bin ich so aufgelegt. Da rede ich einfach nur Unsinn.

Aber was heißt eigentlich Unsinn? In diesem Wort steckt doch ein Sinn, zumindest in der zweiten Hälfte des Wortes. Also gibt es gar keinen Unsinn, oder? Jeder Unsinn macht demnach Sinn, in der Schreibweise auf jeden Fall. Grübel, grübel …

Ach wisst ihr was? Wozu besitze ich ein Synonymwörterbuch? Damit es in meinem Bücherregal verstaubt? Das sehe ich überhaupt nicht ein, weil es nämlich keinen Sinn macht.

Ich ziehe also dieses Buch zwischen Duden und Wörterbuch hervor und beginne darin zu blättern:

ABCD … RSTU … Ul … Um … Unsinn

Ich lese:

<u>Plan oder Gedanke, der keinen Sinn hat</u> – *also doch kein Sinn* geht es mir durch den Sinn.

Und hier steht noch viel mehr, was das Wort Unsinn bedeutet:

Nonsens, Wahnwitz, Blödsinn, Kohl, Blech, Koks, Quatsch, Humbug, Mumpitz, Stuss, Trödel, Aberwitz, Tinnef, Larifari, Schnack, Kokolores, Kitt, Firlefanz, Flausen, Faxen, Hokuspokus, Kinderei, Zinnober, Kinkerlitzchen, dummes Zeug, Irrsinn, Wahnsinn, Schwindel, fauler Zauber, Kauderwelsch, Bockmist, Käse, Afferei, Unfug, Weibergeschwätz, Aberglaube, Widersinn, Narretei

Und es geht noch weiter – <u>Erwiderung auf eine unsinnige Äußerung</u>
– dazu lese ich:
Geschwätz, papperlapapp, ach Quack, ach Possen und
zu <u>Unfug machen</u>: Dummheiten/Geschichten machen, herumalbern,
Faxen machen

Nachdenklich klappe ich das Synonymwörterbuch zu und stelle es zurück ins Regal. Dass es so viele verschiedene Synonyme für das eine
Wort ›Unsinn‹ gibt, hätte ich nicht vermutet. Sie etwa? Was aber bedeutet eigentlich das Wörtchen synonym? Während ich noch überlege, werde ich von meinem Mann zum Mittagessen gerufen. Genau
in dem Moment knurrt mein Magen, als wolle er mir klar machen:
›Wir haben Hunger.‹
Was kann man noch für Hunger sagen, frage ich mich tatsächlich, als
ich schon neben meinem Göttergatten am Tisch sitze. Doch darüber
jetzt nachzudenken, macht wenig Sinn … deshalb sage ich:
»Guten Appetit!« – Appetit? Ich schiebe mir schnell einen Löffel von
dem leckeren Essen in den Mund, bevor ich wissen will, was man
noch zu dem Wort ›*Appetit*‹ sagen kann …

Momente

Es gibt Momente,
da schwinden mir die Sinne.
Es gibt Momente,
da denke ich, ich spinne.

Es gibt Momente,
da macht alles keinen Sinn.
Es gibt Momente,
da ist der Lebenssinn dahin.

Es gibt Momente,
da schaudert mich dein Blick.
Es gibt Momente,
da schau ich besser nicht zurück.

Es gibt Momente,
da dringt kein einz'ger Ton ans Ohr.
Es gibt Momente,
da klingt nur ein Ton wie ein Chor.

Es gibt Momente,
da hab ich Schmetterlinge im Bauch.
Es gibt Momente,
da sind Gefühle Schall und Rauch.

Es gibt Momente,
da bin ich unterwegs und such.
Es gibt Momente,
da folg ich einfach dem Geruch.

Es gibt Momente,
da fühl ich mich als Zauberin.
Ist das dann der Moment
für den Blöd-, den Un-, den –
was weiß ich fürn Sinn?

Zwei Geheimnisse sind eins zu viel

Bis eben war der Raum noch vom Gesang des Schulchores erfüllt, doch eine energische Handbewegung des Chorleiters lässt ihn abrupt verstummen. Die nun eingetretene Stille wird von einem plötzlichen Schrei durchbrochen, und die Schüler erstarren.

»Kunze! Du hast wieder nicht einen einzigen Ton getroffen! Ich frage mich, warum ich dich nicht schon längst rausgeschmissen habe?«

Georg Spätzle nähert sich mit strafender Miene dem so hart Angesprochenen und bleibt dicht vor ihm stehen. Der Schüler zuckt zusammen, senkt seinen Kopf und rührt sich nicht. Seine Gedanken kreisen um diesen Chorleiter, der ihn immer nur beim Nachnamen nennt, dabei hat er doch einen so schönen Vornamen.

Warum kann er mich nicht leiden, fragt sich Maik Kunze schon lange.

Weil du nicht singen kannst, beantwortet ihm sein Freund Frank dann jedes Mal diese Frage.

Pah, nicht singen – ich singe vielleicht besser, als dieser Spätzle! Worum wetten wir?

Während der gescholtene Junge noch darüber nachdenkt; denn Frank wettet nie mit ihm; singen seine Mitschüler das Lied zu ende.

Der Chorleiter schaut auf die Uhr, dann klatscht er in die Hände und sagt: »Schluss für heute. Übt das Lied bis zur nächsten Probe!«

Johlend verlassen die Schüler die Aula, Maik vorneweg.

»Kunze, hiergeblieben!«, ruft Spätzle mit donnernder Stimme.

Doch Maik denkt gar nicht daran, er sieht sich nicht einmal um. Im Gegenteil, er legt noch einen Zahn zu. Kaum draußen schwingt er sich auf sein Rad und verlässt eilig das Schulgelände.

Der Chorleiter bleibt verärgert zurück – weniger wegen seines Schülers – vielmehr seiner Selbst Willen.

Er muss endlich einen Schritt auf Jochen zumachen. Es reicht nicht, dass er ihm zuliebe Maik im Chor aufgenommen hat, obwohl der nicht singen kann und es auch niemals erlernen wird. Mittlerweile tut ihm der Junge leid, weil er immer wieder unter seiner schlechten Laune leiden muss. Georg Spätzle seufzt und bleibt mit hochgezogenen Schultern im Gang stehen. Er sollte bald mit Jochen reden, denn Maik hat keine Ahnung, dass beide Männer ein Geheimnis hüten.

Der Chorleiter sieht sich noch einmal in dem leeren Schulhaus um, dann geht er entschlossenen Schrittes in sein Vorbereitungszimmer, hebt den Telefonhörer ab und wählt Jochens Nummer …

Abgehetzt stürzt Maik zur Haustür herein und sieht beim Betreten der Diele, dass sein Vater telefoniert. Unbemerkt huscht er an ihm vorbei, die Treppe rauf und direkt in sein Zimmer. Er schließt die Tür ab und lässt sich rücklings aufs Bett fallen.

Kurz danach klopft es.

Maik hält sich die Ohren zu. Er will jetzt mit niemandem reden. Mit seinem Vater schon gar nicht. Der kann ihm sowieso nicht helfen. *Wenn Mama nur hier wäre …*

»Maik, mach bitte auf. Ich muss dir was sagen – komm, nun sei nicht albern!«

Der Vater ruft, pocht an die Tür, immer wieder – und er will schon aufgeben, als sich der Schlüssel im Schloss bewegt. Zögernd drückt der Vater die Klinke herunter und schiebt seinen Kopf durch den Türspalt.

»Komm rein«, sagt Maik fast tonlos und setzt sich auf.

Jochen nähert sich langsam und nimmt neben seinem Sohn Platz.

»Was willst du mir sagen?«, fragt Maik, ohne seinen Vater anzusehen. Obwohl Jochen froh darüber ist, dass sein Sohn ihn zum Gespräch auffordert, zaudert er … »Maik, es fällt mir nicht leicht, dir die Wahrheit zu sagen. Weißt du«, er hält inne, und nestelt an seinem obersten Hemdknopf herum. Seine Nervosität lässt sich nicht mehr verbergen.

Maik setzt sich jetzt kerzengerade hin, wendet sein Gesicht dem Vater zu und betrachtet ihn mit sehr ernstem, aber auch neugierigem Blick. »Welche Wahrheit meinst du?«

Mit seinen 15 Jahren wirkt er schon sehr erwachsen. Das fällt dem Vater in dem Moment auf. *Warum also behandle ich ihn dann wie ein Kind?*

Jochen gibt sich einen Ruck. »Hör zu, Maik – und unterbrich mich bitte nicht.«

Der Junge nickt.

»Wie gesagt, es fällt mir schwer, darüber zu sprechen. Vielleicht wirst du mich danach hassen, aber das Risiko muss ich eingehen.«

Maik rührt sich nicht. Er sieht seinen Vater nur abwartend an.

»Dein Chorleiter«, beginnt Jochen und betrachtet nachdenklich seinen Sohn, der noch immer keine Miene verzieht. »Also, ich weiß, du magst ihn nicht, aber – er ist mein Bruder – schau nicht so entsetzt. Wir sind seit Jahren zerstritten. Dabei waren wir früher unzertrennlich, fast wie eineiige Zwillinge, bis … bis unsere Mutter Pflege brauchte. Sie war erst 45, noch sehr jung, aber der Krebs, der fragt nicht nach dem Alter. Mein Bruder Georg studierte zu der Zeit bereits Musikwissenschaft. Sein Traumberuf. Ich war gerade mit dem Abi fertig und wollte Opernsänger werden. Hatte auch schon einen Studienplatz in Aussicht. Doch dann wurde unsere Mutter krank. Es musste rund um die Uhr jemand für sie da sein. Es stellte sich die Frage: entweder mein Bruder oder ich. Die Wahl fiel auf mich, weil mein Bruder bereits ein Arrangement in Amerika in Aussicht hatte. Sicher wäre alles anders gekommen, wenn unser Vater noch gelebt hätte. Aber er war schon seit drei Jahren tot – ein tragischer Autounfall. Es passierte auf der Rückfahrt von einer Tournee. Du musst wissen, er war ein bekannter Opernsänger. Verstehst du jetzt meinen Berufswunsch?«

Maik nickt nur, denn er soll den Vater ja ausreden lassen.

»Weißt du, mein Junge, weil ich meinen Traum nicht leben konnte, wurde der Wunsch, dass du wenigstens in die Fußstapfen deines Opas treten sollst, immer größer. Und als ich Georg nach Jahren plötzlich wiedersah – in deiner Schule – konnte ich es kaum fassen. Zuerst freute ich mich, doch dann kam die Wut. Hatte er mich doch im Stich gelassen, natürlich auch unsere Mutter. Deshalb schmiedete ich einen Plan. Eines Tages suchte ich ihn auf und setzte ihm quasi die Pistole auf die Brust, indem ich zu ihm sagte: »Entweder nimmst du Maik in deinem Chor auf und förderst ihn, so dass er eines Tages singen kann, oder er erfährt, was für einen egoistischen Onkel er hat.«

»Papa?«

»Ja?«

»Papa, ich verstehe nicht, warum du nicht mit mir gesprochen hast, als dein Bruder aufgetaucht ist. Warum hast du mir nicht erzählt, dass Herr Spätzle mein Onkel ist? Und warum heißt er nicht Kunze, so wie wir? Mir ist das alles zu viel. Ich muss raus hier.«

Maik springt auf und rennt aus der Wohnung.

Jochen bleibt regungslos auf dem Bett sitzen. *Wenn Hannah nur hier wäre.* Und schon gehen seine Gedanken zurück zu seiner Frau. Warum nur hat Hannah ihn und Maik allein gelassen? Er erinnert sich an den fürchterlichen Streit vor acht Jahren …

Maik war gerade eingeschult worden, und ausgerechnet da wollte Hannah wieder arbeiten. Man hatte ihr die alte Stelle als Schneiderin im Theater angeboten. Als sie Jochen davon erzählte, war er sofort dagegen. Sie sollte sich weiter um den Haushalt und nun auch um die schulischen Dinge ihres gemeinsamen Sohnes kümmern, während er das Geld verdiente.

Als der Streit eskalierte, rutschte Hannah heraus: »Maik ist gar nicht dein Sohn«. Bei dem Gedanken füllen sich Jochens Augen mit Tränen. *Damals sagte er nur: »Hannah, verlasse sofort mein Haus, aber der Junge bleibt hier!«*

Jochen weiß inzwischen, dass er viel zu hart reagiert hatte. Bevor er seinem Sohn davon erzählt, soll der zuerst alles über Georg erfahren. Jochen erhebt sich seufzend, doch Maik ist nicht mehr da.

Maik musste einfach raus, weg vom Vater, weg von allem. Er schwang sich auf sein Rad und fuhr zum nahegelegenen Wald.

»Hallo Maik«, hört er plötzlich, bremst scharf und steigt ab. Erstaunt dreht er sich um. Da kommt ihm auch schon Frank entgegen. »Ist der Teufel hinter dir her, oder warum hast du es so eilig?«, will er wissen und sieht Maik mit seinem typischen Grinsen an.

Fünf Minuten später sitzen die beiden Jungs im Gras, und Maik erzählt seinem besten Freund alles, was er soeben von seinem Vater erfahren hat. Franks Augen werden immer größer vor Staunen. »Der Spätzle ist dein Onkel? Ich fasse es nicht. Warum aber heißt der nicht Kunze, so wie du?«

Maik zuckt mit den Schultern. »Keine Ahnung!«

Frank springt auf. »Komm, das müssen wir jetzt rauskriegen.«

Maik schaut an ihm hoch und fragt: »Und wie?«

Frank rollt mit den Augen. »Man bist du begriffsstutzig. Natürlich musst du deinen Vater fragen – wo ist eigentlich deine Mutter? Hast du überhaupt eine?«

»Natürlich habe ich eine Mutter! Die hat uns vor acht Jahren verlassen. Mein Vater spricht nicht darüber.« Frank runzelt die Stirn. Dann reicht er seinem Freund die Hand, zieht ihn hoch und meint entschlossen: »Komm, wir gehen jetzt zu deinem Vater und brechen sein Schweigen!« Maik nimmt ohne ein Wort sein Rad und schiebt es neben Frank her.

Jochen stürzt fast die Treppe runter und zur Haustür raus. Auch hier kann er seinen Sohn nirgends entdecken. Wo bist du, denkt er und sieht sich suchend um. Erst jetzt bemerkt er, dass Maiks Fahrrad nicht da ist. Jochen läuft zur Garage, um sein Auto rauszuholen. Er will gerade vom Hof fahren, als er im Rückspiegel etwas sieht.

Was war das, fragt er sich und hält an. »Da, jetzt wieder«, murmelt er vor sich hin, macht den Motor aus und steigt aus dem Auto. In dem

Moment erscheint Maik auf der Bildfläche. Neben ihm läuft Frank, sein Schatten. So nennt Jochen scherzhaft den allerbesten Freund seines Sohnes. Frank ist auch so was wie ein Sohn für ihn und umgekehrt gibt er für Frank die Vaterfigur. Immerhin wächst er seit seinem dritten Lebensjahr ohne Vater auf. Der hatte aber seine Familie nicht verlassen wie Maiks Mutter die ihre. Franks Vater starb an Krebs.

Jochen geht auf Maik zu, der ihn aus zusammengekniffenen Augen ansieht und stehen bleibt. Frank schubst Maik in die Seite und macht eine Kopfbewegung in Jochens Richtung. Maik jedoch rührt sich nicht. Er starrt weiterhin seinen Vater an.

»Nun mach schon«, zischt Frank und gibt seinem Freund erneut einen Schubs. Das scheint zu helfen, denn Maik sieht kurz zu Frank rüber und dann zu seinem Vater, bevor er leise sagt: »Papa, wir müssen miteinander reden!«

»Ja, das müssen wir«, antwortet Jochen und wendet sich zum Haus.

Während Maik seinem Vater folgt, stellt Frank das Rad seines Freundes in den Fahrradständer.

»Wir sehen uns morgen in der Schule«, ruft Frank noch, bevor er den Hof verlässt. Dabei ist er sich nicht sicher, ob Maik ihn gehört hat.

»Ich bin in der Küche«, hört Maik seinen Vater rufen, als er bereits die Treppe zu seinem Zimmer hinaufrennt. Er macht kehrt und betritt Sekunden später die Küche. Gerade will er sich an den Tisch setzen, da hebt Jochen die Hand. »Warte! Ich habe dir dein Lieblingsessen gekocht. Bevor ich dir alles erzähle, mein Junge, müssen wir gestärkt sein – es wird ein langes Gespräch.«

Maik nickt, setzt sich und beginnt stumm zu essen.

Bisher glaubte Maik, dass seine Mutter sie wegen eines anderen Mannes verlassen hätte. Diese Version kennt er jedenfalls von seinem Vater. Warum sollte er daran zweifeln? Was also will ihm sein Vater

Neues erzählen? Während Maik seinen Milchreis löffelt und dabei vor sich hin grübelt, werden Jochens Hände immer nasser vom Schweiß. Vor lauter Aufregung und schlechtem Gewissen bekommt er keinen Bissen herunter. Dazu kommt, dass Milchreis nicht zu seinen Lieblingsspeisen zählt, aber für Maik tut er im Moment alles.

Jochen stellt seinen halbvollen Teller auf die Spüle. Er fragt seinen Sohn, ob er Nachschlag möchte, doch Maik schüttelt den Kopf und räumt seinen Teller in den Geschirrspüler. Schließlich ist er derjenige, der sich seit seinem zehnten Lebensjahr um den Abwasch kümmert. In dieser Männer-WG gibt es schon lange eine klare Aufteilung der Hausarbeit.

Jochen füllt zwei Gläser mit Orangensaft und wartet, bis Maik sich gesetzt hat. Dann stellt er ein Glas vor Maik hin und nimmt seinem Sohn gegenüber Platz.

Jochen räuspert sich, trinkt einen Schluck und beginnt schließlich zu erzählen: »Es fällt mir schwer, dir die ganze Wahrheit zu sagen.«

»Die ganze Wahrheit. Was soll das heißen?« Maik sieht seinen Vater entgeistert an. Jochen legt seine Hand beruhigend auf Maiks Arm.

»Mein Junge, ich werde dir jetzt alles erzählen, und ich werde nichts mehr verschweigen. Versprochen. Ich bitte dich nur um eins – höre mir zu, und zwar bis zum Schluss.«

Maik trinkt nun auch etwas von dem Saft, lehnt sich auf seinem Stuhl zurück und nickt seinem Vater zu.

»Eigentlich begann alles schon zu Zeiten meiner Mutter, also deiner Großmutter, die ja auch die Mutter von Georg ist. Mein Vater arbeitete vor seinem Gesangsstudium ein Jahr auf einer Bohrinsel. Einmal bekam er für einen Monat Urlaub und lernte in der Zeit meine Mutter kennen. Maria hatte sich gerade von ihrem Freund getrennt. Dass sie schwanger war, erzählte sie meinem Vater nicht. Als er für immer die Bohrinsel verließ und zu Maria zurückkam, war Georg schon auf der Welt. Mein Vater stellte keine Fragen, er rechnete auch nicht nach. Er freute sich einfach über das Kind. Und dass Georg Spätzle hieß, so wie unsere Mutter mit Mädchennamen, störte niemanden. Den Namen änderten meine Eltern auch nicht, als sie heirateten. Als ich dann geboren wurde, war Georg schon drei Jahre alt. Auch da machten unsere Eltern keine Anstalten, den Nachnamen von Georg zu ändern. Dabei wäre das die Gelegenheit gewesen. Nun weißt du also, warum dein Chorleiter nicht Kunze heißt, so wie wir.«

Jochen trinkt einen Schluck Orangensaft und sieht seinen Sohn nachdenklich an. Doch Maik verzieht keine Miene. Er wartet darauf, dass sein Vater weiterspricht.

»Ich habe dir doch mal erzählt, dass Hannah mich und dich wegen eines anderen Mannes verlassen hat. Richtig?«

»Ja, das weiß ich – warum fragst du, Papa?«

»Weil es nicht stimmt.«

»Du machst Witze, Vater!«

Jochen zuckt zusammen. Das hart ausgesprochene ›Vater‹ versetzt ihm einen Stich ins Herz.

»Ich scherze nicht. Höre mir bitte weiter zu! Hannah, also deine Mutter hatte Recht damit, als sie sagte, dass ich nicht dein Vater sei. Ich konnte, ich wollte es nicht glauben. Ich hörte ihr auch nicht zu, als sie mir deinen biologischen Vater nennen wollte. Sie bettelte mich auch händeringend an, dich mitnehmen zu dürfen. Doch ich war so verletzt, dass ich hart blieb. Als ich damals deine Mutter aus dem Haus warf, tat es mir hinterher wieder leid. Ich versuchte, Kontakt zu ihr aufzunehmen, aber ich wusste nicht, wo sie war. Keiner wusste es. Nicht einmal ihre Mutter, die damals noch lebte. Wir hatten kaum Kontakt zu deiner Oma, obwohl du eine gebraucht hättest. Aber das ist ein anderes Kapitel.«

»Noch ein drittes Geheimnis?«, platzt Maik dazwischen.

Jochen winkt ab. »Nein, höre einfach weiter zu. Von Hannahs Mutter erfuhr ich, wer dein richtiger Vater ist. Diese Nachricht haute mich total vom Hocker. Mit allem hätte ich gerechnet, aber nicht damit. Dein Vater ist …«

»Nun mache es nicht so spannend, spuck es endlich aus!« Maik springt auf und stellt sich jetzt dicht neben Jochen.

»Dein Vater ist … es ist … dein Onkel Georg. Dabei ist er gar nicht dein Onkel, wie wir immer dachten.«

»Seit wann weiß es der Spätzle?« Maik schreit diesen Satz regelrecht heraus.

»Seit ich ihn gezwungen habe, dir das Singen beizubringen. Lass mich überlegen … das ist jetzt ein halbes Jahr her.«

»Das könnte hinkommen, denn so lange mobbt mich der Kerl schon.« Maik bekommt einen nachdenklichen Gesichtsausdruck.

»Also, als Vater will ich den nicht haben. Da bist du mir tausendmal lieber!«, sagt er und verpasst seinem Vater einen Rungs in die Seite.

»Aua«, ruft Jochen, muss aber lachen. Dabei streicht er Maik liebevoll über den Kopf.

»Und ich bin froh, solch einen tollen Sohn zu haben.«

Was ist Erfolg?

Von einer Autorenfreundin wurde ich neulich gefragt, ob meine Lesungen immer von Erfolg gekrönt wären. »Lass mich nachdenken«, antwortete ich.

Mir fiel meine Lesung vom 29.04.2016 ein. Damals stellte ich mir die gleiche Frage. Aber was versteht man unter dem Slogan Erfolg?

Wann weiß ich überhaupt, ob meine Lesung ein Erfolg war? Wenn der Saal gerappelt voll ist, oder wenn nur wenige Leute zuhören? Aber ist Erfolg nicht Ansichtssache?

Doch noch einmal zu meiner Lesung vor drei Jahren zurück:

Ein einziger Herr ›verirrte‹ sich, eher durch Zufall, an jenem Freitag in den Barocksaal des Gersdorffschen Palais in Bautzen. Schuld daran war mein Mann weil er vor meiner Lesung noch schnell eine Zigarette rauchen wollte. Deshalb ging er noch einmal nach unten vor das Palais. In dem Moment näherte sich ein Passant und blieb interessiert vor dem Werbeplakat stehen. Das nahm mein Göttergatte zum Anlass, ihn anzusprechen. Er fragte: »Wollen Sie zur Lesung?«

Passant: »Ach, ist hier eine Lesung?«

Kurz darauf betrat dieser Herr den Barocksaal. Mein Herz machte vor Freude einen Hüpfer, als ich ihn erblickte. Ich hoffte auf weitere Besucher. Doch kurz vor Lesebeginn war er noch immer der einzige Gast. Das fand ich nun nicht so erfreulich, und es machte mich ratlos. Was sollte ich tun? Die Lesung ausfallen lassen? Nein, das kam für mich nicht infrage. Diesen absurden Gedanken schob ich weit weg. Schließlich hatte ich mich nicht umsonst so intensiv auf den Abend vorbereitet. Außerdem wollte ich das gastgebende Ehepaar Hentschel nicht enttäuschen.

Mit ihm, deren Sohn, meinem Mann und diesem einzigen Gast waren es fünf Personen, die meiner Lesung lauschen wollten. Immerhin ein kleiner Erfolg, dachte ich und begann pünktlich um 18 Uhr.

Während draußen im Sonnenschein das Leben pulsierte, herrschte im Barocksaal Stille. Ich hatte den Eindruck, mit meinen Gedichten aus »Lust auf Blütenduft und mee(h)r ...« die Zuhörer zu fesseln. Das ist doch ein Erfolg, oder?

Zum Schluss las ich eine meiner Geschichten, mit denen ich in der neunteiligen Anthologie »FARBSPIEL« des Vereins »Respekt für Dich« vertreten sein werde (inzwischen gibt es diese Bücher im Handel zu kaufen). Wieder eine Gemeinschaftsarbeit verschiedener Autoren aus aller Welt für einen guten Zweck.

Über den anschließenden Applaus, den schönsten Lohn eines jeden Autors, freute ich mich besonders. Aber auch darüber, dass die Gastgeberin mir ein Buch abkaufen wollte. Da sie und ihr Mann mir jedoch den Raum zur Verfügung gestellt und auch sonst alles organisiert hatten – Getränke etc. standen bereit – schenkte ich ihr als ein Exemplar meines Gedichtbandes.

Ganz zum Schluss überreichte mir die Gastgeberin eine Flasche Sekt und sagte lächelnd: »Für weitere gute Ideen!«

Fazit:

Es war bereits meine 12. Lesung, aber noch nie hatte ich es erlebt, vor fast leerem Saal zu stehen. Etwas enttäuscht war ich schon an diesem Abend, und ich frage mich immer noch, woran es wohl gelegen hat, dass so wenig Menschen an jenem besagten Freitag Interesse an einer Lesung zeigten.

Lag es am bevorstehenden Wochenende? Die meisten Werktätigen wollen ihren Feierabend in Ruhe ausklingen lassen und nicht gleich nach ihrer Arbeit zu einer Veranstaltung hetzen.

Oder war im Vorfeld zu wenig Werbung gemacht worden?

Vielleicht war auch das Wetter schuld? Wer will schon solch einen sonnigen und warmen Tag drinnen verbringen? Da zieht es doch den größten Teil der Menschheit hinaus ins Grüne, raus in ihre geliebten

Gärten. Leider macht es keinen Sinn, sich im Nachhinein den Kopf zu zerbrechen. Im Gegenteil. Und wenn ich richtig darüber nachdenke, so war dieser Abend trotz allem ein Erfolg.

Denn jede Lesung, die auch nur einen einzigen Zuhörer anlockt, ist doch ein Erfolg. Und es war garantiert nicht meine letzte Lesung, denn inzwischen blicke ich auf 30 Veranstaltungen zurück. Und weitere werden folgen … na, wenn das kein Erfolg ist?

Meine Lesung in ›Der Kleenen Schänke‹ Cunewalde

19. April 2019

Veröffentlichungen

Anthologie »Wenn deine Arme mich umfangen«, 2012
»Elfchen«, Gedicht

Anthologie »Gedicht und Gesellschaft«, 2013/2014/2015
»Licht«/»Stimmungen«/»Herbstzeit«, Gedichte

Anthologie »Das Gedicht lebt! «, 2013
»Nur fünf Worte«, Gedicht

Anthologie »Asphaltgeflüster«, 2014
»Stadtzauber«, Gedicht

Anthologie »Ausgewählte Werke XVII«, 2014
»Endlich Frühling …«, Gedicht

Anthologie »Jedes Wort ein Atemzug«, 2014 - 2017
Kurzgeschichten – 5 Bücher

»Vergessene Flügel«, Thriller-Trilogie, gemeinsam mit 60 Autoren
»Farbspiel«, 10-teilige Anthologie-Serie, Kurzgeschichten

»Sternenglanz und Märchengarten«, Märchen-Anthologie, 2017
»Peter und der Zauberstift«

Die Autorin ist bis dato in ca. 36 Anthologien vertreten

Weitere Veröffentlichungen:

»Lust auf Blütenduft und mee(h)r …«, Karina Verlag, 2015

»Wenn Worte anklopfen«, Gedichte und Geschichten, Karina Verlag, 2017

Im Selfpublishing bei BoD:

»Der Mond knipst die Sterne an – ein Lyrikreigen«, 2018

»Mit Kolt und Degen – Ein nicht ganz ernst zu nehmender Krimi«, 2019

»Tanz unterm Regenbogen – Farbige Momente einer Liebe«, 2019

Leseproben

Freuen Sie sich auf Leseproben aus meinen bereits veröffentlichten Büchern »Mit Kolt und Degen«, einem Krimi und »Tanz unterm Regenbogen«, einer Liebesgeschichte der besonderen Art.

Elfride Stehle

Mit Kolt und Degen

Ein nicht ganz ernst zu nehmender Krimi

Esra Kolt hat mit Bravour die Polizeischule bestanden und ist überglücklich, gleich im Anschluss einen Job zu bekommen. Dass es sie allerdings nach Hintertupfingen, wo sich Fuchs und Hase gute Nacht sagen, verschlägt, damit hat sie nicht gerechnet. Verbrechen gab es hier schon lange keine mehr. Umso erfreuter ist Esra, dass genau an ihrem ersten Arbeitstag eine Leiche auftaucht. Und damit nicht genug. Der nächste Fall lässt nicht lange auf sich warten. Aber das Detektivduo Degen und Kolt steht vor einem Rätsel. Degens Kumpel Moritz hilft den Beiden etwas auf die Sprünge.

Lassen Sie sich von Kolt und Degen in einen nicht ganz ernst zu nehmenden Krimi entführen.

ISBN: 978-3-74-817540-7

Wir haben eine Leiche

Es gibt Menschen, die hat der liebe Gott nicht mit Schönheit gesegnet. Zu diesen Menschen gehört Esra Kolt. Esra ist klein, von rundlicher Gestalt, hat zu lange Arme und zu große Füße. Ihr rundes Gesicht wird durch die buschigen Augenbrauen und einem leichten Oberlippenbart nicht unbedingt schöner – im Gegenteil. Die Natur hat es also nicht besonders gut mit ihr gemeint. Jedenfalls würde sie gewiss keinen Schönheitswettbewerb gewinnen. Esra verdreht bei diesem Gedanken die Augen. Und die Lippen – wenn man sie als solche überhaupt bezeichnen kann – sind zwei schmale Striche, die Nase und Kinn voneinander trennen. Manchmal hat Esra schon mit dem Gedanken gespielt, ihre Lippen aufspritzen zu lassen. Nur fehlt ihr dafür das nötige Kleingeld. Und der Versuch, mit einem dunkelroten Stift ihrem Mund eine schönere Form zu geben, scheitert gründlich. Dann schaut sie jedes Mal entgeistert in den Spiegel, so wie jetzt. Um ihr Spiegelbild besser betrachten zu können, muss sie sich auf die Zehenspitzen stellen. Ihr Vormieter scheint ein Riese gewesen sein, geht es ihr durch den Kopf, denn für ihre anderthalb Meter ist der Spiegel eindeutig zu hoch angebracht. »Hm, als Clown bekäme ich vielleicht den Hauptpreis, aber nicht als Ermittlerin in einem Mordfall. Womöglich würde man mich noch für die Täterin halten«, murmelt sie nachdenklich vor sich hin. Doch in dieser Gegend, in die es sie mehr durch Zufall verschlagen hat, gab es schon lange keine Verbrechen mehr, nicht einmal einen Mord, wie ihr die Vermieterin ihrer Ein-Zimmer-Wohnung berichtet hatte.

»In diese Einöde verläuft sich kein Mensch, geschweige ein Verbrecher«, sagte Frau Martha Schlegel bei Esras Einzug vor genau drei Wochen. Bis dahin hatte Esra noch nicht einmal gewusst, dass es einen Ort mit dem Namen Hintertupfingen überhaupt gibt. Wie das schon klingt - *Hintertupfingen*. Solch ein Ort mit so einem merkwürdigen Namen, der kann nur klein und abgelegen von jeglicher Zivilisation sein. Trotzdem war sie überglücklich, sofort nach ihrer Polizeiausbildung eine Anstellung bekommen zu haben. Zwar nur in einer kleinen Detektei, aber immerhin. »Jeder fängt mal klein an«, hatte ihre Mutter noch beim Abschied zu ihr gesagt. Esra Kolt schaut noch einmal in den Spiegel, weil heute, an ihrem ersten Arbeitstag, am 1. September, alles perfekt sein soll. Sie will gerade den verrutschten Lippenstift korrigieren, als es Sturm klingelt. Wer kann das sein? Hastig knotet sie den quittegelben Bademantel über ihrem nackten Bauch zusammen, eilt barfuß zur Wohnungstür und öffnet. Sie erschrickt.

Vor ihr steht ihr neuer Arbeitgeber, Herr Degen – groß, schlank, im eleganten Nadelstreifenanzug und mit Schlips und Kragen – halt ein typischer Büromensch.

»Was machen Sie denn hier?«, rutscht es Esra etwas vorlaut heraus. Eine Sekunde später hält sie sich die Hand vor den Mund und fragt schüchtern: »Hab ich etwa die Zeit verpasst?« Sie sieht ihren Chef von der Detektei *Degen und Ko* abwartend an. Doch der schüttelt sein graumeliertes Haupt. »Keine Angst, Frau Kolt, es ist erst viertel vor acht, Sie haben also noch genügend Zeit. Ich komme aus einem ganz anderen Grund … aber wollen wir das im Hausflur besprechen?«

»Oh, nein, nein, Verzeihung, Herr Degen«, stottert Esra und macht mit der Hand eine einladende Bewegung. Der Mann folgt ihr und schließt die Wohnungstür hinter sich. Esra rafft eilig die Sachen zusammen, die auf dem Sofa verstreut herumliegen und wirft sie schnell ins Bad. Verlegen lächelnd bittet sie ihren Chef, Platz zu nehmen. »Entschuldigen Sie bitte meinen Aufzug und die Unordnung hier, ich wohne erst seit …«

Degen winkt lächelnd ab. »Ich weiß, ich weiß, Frau Kolt.« Dann wird er ernst. Er nimmt ihren Arm und zieht sie sanft zum Sofa. »Setzen Sie sich, denn was ich Ihnen jetzt zu sagen habe, könnte Sie womöglich umhauen.« Degen blickt in weit aufgerissene Augen, während er neben seiner Assistentin Platz nimmt.

Nervös zieht Esra den Knoten ihres Gürtels noch fester, bevor sie mit zittriger Stimme fragt: »Was ist passiert, Herr Degen, ist was mit meiner Mutter? Ist sie krank, oder …?« Das Herz klopft ihr bis zum Hals, und aus ihrem Gesicht weicht sämtliche Farbe.

Wieder winkt Herr Degen ab. »Nein, es hat nichts mit ihrer Familie zu tun. Und ich denke schon, dass dort alles in Ordnung ist – aber, wir haben eine Leiche – jedenfalls ist der hiesige Bürgermeister verschwunden.«

Degen schweigt. Er betrachtet seine junge Assistentin aufmerksam. So genau kann er sie noch nicht einschätzen. Muss er etwa damit rechnen, dass sie in Ohnmacht fällt? Aber nichts dergleichen geschieht. Esra wechselt nur ihre Gesichtsfarbe von Weiß nach Rot.

Dann erhebt sie sich, baut sich vor Degen auf und sagt, mit sich überschlagender Stimme: »Eine Leiche? Na endlich! Von wegen, hier

Tanz unterm Regenbogen

Farbige Momente einer Liebe

ISBN: 978-3-7504-0217-1

Es sollte doch der schönste Tag in seinem Leben sein. Das dachte Markus jedenfalls noch vor ein paar Minuten. Aber ohne Braut? Die ist nämlich plötzlich weg. Und alles nur, weil Eva nicht in Weiß heiraten will. Da bei hat sich ihre Mutter mit dem Kleid solche Mühe gegeben. Total enttäuscht erleidet diese einen Schwächeanfall und wird mit Blaulicht in die Klinik gebracht. Aus Rücksicht und Sorge um Mutter Elsa holt sich das Brautpaar einen neuen Termin für die Hochzeit, zu der es auch nicht kommt.

Und damit nicht genug – Eva verkündet, nur Freundschaft für Markus zu empfinden. Das will Elsa nicht akzeptieren und auch Markus gibt die Hoffnung nicht auf. Als aber Evas Jugendliebe auftaucht, schwindet Markus letzter Hoffnungsschimmer …

Ein Traum in Weiß

1. Kapitel

»Ich mag eigentlich gar kein Weiß«, sagt Eva und dreht sich vor dem Spiegel hin und her.

»Duuu wolltest doch unbedingt in Weiß heiraten – das hast du jedenfalls immer wieder beteuert.«

»Ach papperlapapp, Mama – du weißt genau, dass es anders ist«, und schon zerrt Eva das lange Spitzenkleid über ihren Kopf, wirft es aufs Bett und steht Sekunden später in ihren Lieblingsjeans und dem weiten Pullover vor ihrer verdattert dreinblickenden Mutter.

»Sag jetzt nicht, dass du in der lottrigen Aufmachung vor den Traualtar treten willst«, schreit Mutter Elsa entsetzt auf. Dann stürzt sie zum Bett und fuchtelt mit dem Kleid in der Hand schimpfend vor Evas Augen herum. »Weißt du eigentlich, wieviel Stunden ich an diesem ›Traum in Weiß‹ gesessen habe? Nein, das weißt du natürlich nicht, wie solltest du auch … und nun soll alles umsonst …« Weiter kommt sie nicht – Eva hat fluchtartig das Zimmer verlassen.

Markus, vom Krach angelockt, sieht Eva nur noch aus der Wohnung rennen. Entgeistert fragt er: »Wo, zum Teufel, will sie denn hin?«, beißt sich aber auf die Lippen, als er in das leichenblasse Gesicht seiner zukünftigen Schwiegermutter schaut. Elsa schüttelt nur verständnislos den Kopf und sackt plötzlich in sich zusammen. Markus versteht die Welt nicht mehr, denn in genau einer halben Stunde müssten sie schon im Standesamt sein. Dann fällt sein Blick auf die am Boden liegende Elsa. Er kann sie keinesfalls so liegen lassen. Hat sie nicht irgendeine Herzkrankheit? Am besten, ich rufe sofort den Notarzt, schießt es ihm durch den Kopf und er tippt die 112 ins Handy. Dann hievt er seine korpulente Schwiegermutter auf den Plüschsessel im Flur. Ihre weiße Gesichtsfarbe hält an, bis der Arzt kommt.

Am Tropf hängend und mit Signal ist sie zehn Minuten später schon auf dem Weg ins Krankenhaus.

Markus bleibt allein zurück in der WG, die er seit zwei Jahren gemeinsam mit Eva bewohnt. Traurig blickt er vor sich hin.

Heute sollte doch der schönste Tag in seinem Leben sein. Aber ohne Braut? Unmöglich!

In dem Moment geht die Wohnungstür auf, und Eva steckt den Kopf durch den Türspalt. »Ist sie weg?«

»Wer? Deine Mutter?«

»Natürlich meine Mutter«, antwortet Eva und kommt herein.

»Sie lernt es einfach nicht«, spricht sie weiter und verdreht dabei die Augen. »Schon seit meiner Kindheit drückt sie mir ihren Willen auf. Nicht ich wollte in Weiß heiraten, sondern sie.«

Markus muss grinsen. »Ich hatte nicht die Absicht, deine Mutter zu heiraten.«

»Ach, du erst wieder.« Eva lacht.

»Und weißt du, meine Süße, mir ist es vollkommen schnuppe, ob du in einem weißen Brautkleid oder in deinem Schlapperlook steckst, wenn du nur ›Ja‹ sagst.«

»Mache ich, mein Schatz, aber dann müssen wir uns beeilen«, flüstert Eva und gibt ihrem Markus einen dicken Kuss.

Mit ernster Miene antwortet Markus darauf: »Doch lass uns zuerst ins Krankenhaus fahren.«

»Krankenhaus?«, ruft Eva entsetzt. »Ist was mit Mama?« Sie sieht sich ängstlich um.

Markus nickt und legt ihr seinen Arm um die Schulter. »Ja, aber das erzähle ich dir unterwegs.« Sie verlassen gemeinsam die Wohnung.

Kurze Zeit später betreten Eva und Markus das Krankenzimmer der Klinik. Erschrocken bleibt Eva in der Tür stehen. Dort liegt sie nun in einem weißen Bett. Das blasse Gesicht ihrer Mutter hebt sich kaum ab von dem Kopfkissen. Und dann noch die Wände dieses sterilen

Zimmers. »Das Krankenhaus scheint das WEISS gepachtet zu haben«, murmelt Eva vor sich hin, während sie sich langsam dem Bett nähert.

»Was hast du eigentlich gegen die Farbe Weiß«, fragt Markus, dem Evas letzte Worte nicht entgangen sind. Mit einem kurzen Blick auf ihre schlafende Mutter macht Eva kehrt und zieht ihren Bräutigam schnell aus dem Zimmer. »Markus, das erzähle ich dir auf dem Weg zum Standesamt.«

Markus sieht auf die Uhr, dann mit hochgezogenen Augenbrauen zu Eva und meint: »Standesamt? Höchstens für einen neuen Termin.« Sich an den Händen haltend laufen beide die Treppe hinunter und verlassen das Gebäude.

Im Auto erzählt Eva, wie sie als Kind von ihrer Mutter mit weißen Anziehsachen malträtiert wurde. »Mal musste ich weiße Strümpfe tragen, mal eine weiße Bluse, dann wieder ein weißes Kleid, und manchmal war ich ganz in Weiß. Glaube mir, irgendwann hasste ich diese Farbe. Verstehst du mich jetzt?«

»Ach du Arme.« Markus streichelt Evas Hand und sagt dann, bevor er auf den Parkplatz fährt: »Jetzt ist mir alles klar, mein Schatz.« Nachdem er das Auto abgestellt hat, eilen sie ins Standesamt.

Mit einem neuen Hochzeitstermin in der Tasche fahren Markus und Eva zurück in die Klinik.

Als sie das Zimmer betreten, ist gerade der Arzt bei Elsa. Zum Glück war es nur ein Schwächeanfall, erfahren sie von ihm.

Eva atmet erleichtert auf. Sie setzt sich zu ihrer Mutter ans Bett und nimmt ihre Hand. »Mama, die eine Nacht überstehst du auch noch hier. Bis zu unserer Hochzeit in vier Wochen bist du wieder auf den Beinen.«

»Das ist gut. In vier Wochen schaffe ich es, dir ein neues Kleid zu nähen«, sagt Elsa mit den strahlenden Augen einer Mutter.

»Mama, aber in meiner Farbe … garantiert nicht in Weiß!«

»Ich hab's verstanden, mein Töchterlein«, und sie zieht den Nachttischkasten auf, um ein paar Farbstifte herauszunehmen.

»Zeichne mit deiner Lieblingsfarbe ein Kleid, damit ich den passenden Stoff besorgen kann. Hier hast du noch ein Blatt Papier.«

Eva gibt ihrer Mutter einen Kuss, nimmt die Stifte, steckt sie in ihre Tasche und meint lächelnd: »Dann bis morgen, Mama.«

Gemeinsam mit Markus verlässt sie den Raum. An der Tür dreht sich Eva noch einmal um und sieht das weiße Stück Papier noch auf dem Nachttisch liegen …

***

Inzwischen sind fünf Wochen vergangen, und somit ist auch der geplante zweite Hochzeitstermin an Eva und Markus vorübergezogen. Elsa glaubt, schuld daran zu sein. Gut, der Arzt hatte ihr eine Kur vorgeschlagen. Und die fiel ausgerechnet in diesen Hochzeitstermin hinein. Aber muss man deshalb gleich die ganze Hochzeit platzen lassen? Zumal Elsa ihren Arzt dazu überreden konnte, ihr einen neuen Kurtermin zu besorgen. Nach langem Betteln ließ er sich nämlich darauf ein. Als Elsa mit dieser guten Nachricht bei Eva auftauchte, war es leider schon zu spät. Sie hatte die Hochzeit bereits abgeblasen. Und gestern kam die nächste Hiobsbotschaft.

Ihre Tochter offenbarte ihr, dass sie für Markus nicht mehr als Freundschaft empfinden würde. Nur kann und will Elsa das nicht akzeptieren. Insgeheim hofft sie weiterhin, dass Eva zur Vernunft kommen und Markus, ihren Wunschschwiegersohn, eines Tages doch noch heiraten wird.

Gelbe Woche

2. Kapitel

Heute ist die Zeit wieder mal wie angestemmt, denkt Eva beim Blick auf ihre Armbanduhr, denn bis zu ihrem wohlverdienten Feierabend dauert es noch. Erst um dreizehn Uhr, also in genau fünfzig Minuten, beginnt für sie das Wochenende. Aber wenn nicht bald etwas geschieht, wird sie bis dahin vor Langeweile sterben. Jeder, wirklich jeder, der in den Laden kommt, schaut nur, zuckt mit den Schultern und ist gleich wieder weg. Nicht einen einzigen Blumenstrauß hat sie heute verkaufen können. So geht das nun schon seit zwei Wochen.

Eva war gleich gegen dieses merkwürdige Verkaufskonzept ihrer Chefin. Unter dem Motto ›Farbwechselwochen‹ will Sonja Geel mehr Kunden anlocken. Die Farbe der Blumen wechselt von Woche zu Woche, und am heutigen Samstag beginnt die ›Gelbe Woche‹ – mit Ringelblumen, Sonnenblumen, Tulpen, Narzissen, Nelken, Orchideen und Gerbera. Das gesamte Schaufenster ist voll davon. Die Kundschaft wird regelrecht geblendet. Dazu noch die Märzsonne, die mit ihrem Licht die gelbe Blumenpracht überflutet …

»Immer noch kein Feierabend«, stöhnt Eva und macht gleich noch die Bestellung für die darauffolgende Woche fertig. Dabei starrt sie durch ihre Brille auf den Laptop, bis ihr Blick verschwimmt. Und wieder schweifen ihre Gedanken ab. Völlig geistesabwesend betrachtet Eva vom Verkaufstresen aus ihre Ladeneinrichtung.

Plötzlich nimmt sie die Brille ab, macht einen Schritt vor den Tresen und murmelt: »Jetzt wird mir einiges klar. Warum ist mir das nicht schon längst aufgefallen?«

Erneut sieht Eva auf die Uhr. Nur noch zwei Minuten … jetzt kommt keiner mehr … also Zeit zum Umziehen.

Sie schließt den Laden ab und verschwindet sogleich hinter dem gelben Vorhang.

Zehn Minuten später sitzt Eva in der neuen Eisdiele am Markt, die vor einer Woche eröffnet hat. Hier gibt es noch echtes italienisches Eis. Sie genießt einen großen Becher mit drei Vanilleeiskugeln und einem Klecks Eierlikör obendrauf. »Hmmm, lecker«, macht sie genüsslich und schließt die Augen. Als sie sie wieder öffnet, schaut sie in das lachende Gesicht von Markus.

»Ich wollte dich eigentlich vom Geschäft abholen, musste aber noch etwas besorgen, und dann warst du schon weg«, meint er augenzwinkernd und setzt sich zu Eva an den Tisch.

»Mir war sofort klar, wo ich dich finden kann. Hab mir das Gleiche bestellt.« In dem Moment bringt die blonde Kellnerin seinen Eisbecher.

»Deiner ist viel größer«, sagt Eva mit einem neidischen Blick auf die drei leckeren Eiskugeln mit Bananenscheiben.

»Muss er ja auch«, grinst Markus und zeigt auf ihren fast leeren Becher.

Während Markus sein Vanilleeis löffelt, ist Eva schon wieder in Gedanken bei ihren Blumen. Sie braucht unbedingt eine vernünftige Strategie, um ›Sonjas Blumenparadies‹ wieder attraktiver zu machen. So wie bisher kann es jedenfalls nicht weitergehen!

Erstaunt blickt Eva hoch, als Markus plötzlich aufspringt und sie aus ihren Grübeleien holt.

»Wo willst du hin? Fahren wir nicht gemeinsam heim? Mein Auto steht dort drüben«, und sie zeigt in Richtung Kirche.

Markus schüttelt den Kopf. »Nein, ich habe etwas Wichtiges vergessen, und außerdem steige ich nicht in deinen gelben Hüpfer.«

»Mein Auto ist kein Hüpfer«, mault Eva empört, »und gelb ist in dieser Woche angesagt, übrigens eine Idee deiner Schwester. Beschwere dich also bei ihr.«

Markus winkt ab. »Das ist zwecklos, wie du weißt. Also bis später.«
Schon rennt er mit langen Schritten über den Platz und ist auch gleich
hinter dem Gotteshaus verschwunden.

Nachdenklich sieht ihm Eva hinterher. Doch dann verlässt auch sie
das Eiscafé, um noch einige Besorgungen zu erledigen.

Punkt achtzehn Uhr stellt Eva ihren Citroën vor dem Haus ab, in dem
sie sich seit zwei Jahren mit Markus eine Wohnung teilt. Da er noch
nicht da ist, jedenfalls hört sie keine laute Musik, kann sie in Ruhe
über ein besseres Verkaufskonzept nachdenken. Aber ihr will partout
nichts einfallen. Auch das Glas leuchtendgelben Apfelweins hilft ihr
nicht auf die Sprünge.

Um zwanzig Uhr fallen Eva die Augen zu, und sie legt sich schlafen.
Unruhig wälzt sie sich im Bett hin und her ...

*Eva schaut zum Himmel, von dem Papierblätter herabfallen – eins davon flattert
vor ihrem Gesicht auf und nieder – sie erkennt eine Zeichnung mit einem wunder-
schönen Brautkleid – dann hat sie dieses Kleid an und neben ihr steht ein Mann
in Jeans, doch ohne Gesicht – ihr Mund öffnet sich ... nein, ich will nicht ...
nein, nein, nein ...*

Schweißgebadet schreckt Eva hoch. Kerzengerade setzt sie sich im
Bett auf und sieht sich ängstlich um. Dann schielt sie zum Wecker,
der gerademal sieben Uhr anzeigt. Erschöpft sinkt Eva aufs Kissen
zurück. Als es plötzlich an der Tür klopft, bleibt sie regungslos liegen.
Wer kann das sein, fragt sie sich, als sie eine Stimme hört.

»Eva, was ist los, warum schreist du so?«

Eva beißt sich auf die Lippen. Und wieder hört sie es rufen, nun etwas
lauter. »Eva, Eva!«

Sie sagt noch immer nichts, sondern starrt wie gebannt auf die Zim-
mertür, die sich langsam öffnet. Dann lugt Markus Wuschelkopf
durch den Türspalt, und sie atmet erleichtert auf.

»Du hast so laut geschrien. Ich dachte, es wäre sonst was passiert.«

Eva winkt ab und erwidert: »Danke Markus, aber es ist nichts. Ich hatte nur einen schrecklichen Albtraum.«

»Und das nennst du nichts?« Nun kommt er ganz herein, läuft zum Fenster und zieht die gelben Gardinen zurück.

»Schau nur, wie schön es draußen ist. Die Sonne scheint, und du liegst noch im Bett.«

Eva kneift die Augen zusammen, zeigt mit ausgestrecktem Arm zur Tür und zischt grimmig: »Heute ist Sonntag, also mach, dass du rauskommst.«

Wortlos verschwindet Markus wieder. Zwei Minuten später sitzt Eva erneut kerzengerade im Bett. »Dieser Himmelhund, muss der immer das Radio so laut aufdrehen?«, brummelt sie vor sich hin und reißt schon im nächsten Moment die Tür vom Nachbarzimmer auf. Wütend sieht sie in das grinsende Gesicht von Markus, der lang ausgestreckt auf seinem Bett liegt. Ihr Blick ändert sich von wütend auf fragend.

»Statt mich rauszuwerfen, solltest du mir lieber deinen Traum erzählen, mir, dem besten Traumdeuter der Welt«, beantwortet Markus ihre stumme Frage.

»Du bist nicht nur laut, unverschämt und neugierig, du bist auch noch eingebildet«, sagt Eva und dreht sich einfach um. Bevor sie aber ihr Zimmer erreicht hat, ruft sie noch: »Und mach den Krach aus! Ich brauche meinen Schönheitsschlaf.«

Er kennt seine Mitbewohnerin inzwischen und weiß, wenn sie von Schönheitsschlaf spricht, ist ihr größter Ärger bereits verraucht. Aber noch mehr reizen sollte er sie nicht, deshalb gehorcht er brav. Zumindest macht er die Musik leiser.

Kaffeeduft steigt Eva in die Nase. Ein Blick auf den Wecker lässt sie aus dem Bett springen. Himmelherrgott, schon um zehn! Ist sie tatsächlich nochmal eingeschlafen. Eva zieht sich ihren quittegelben Morgenmantel über und schlurft in die Küche.

Sie erstarrt. »Bin ich im verkehrten Film, oder hat jemand Geburtstag?«

»Happy birthday to you!«, trällert Markus und trifft nicht einen Ton. Na ja, singen war noch nie seine Stärke. Er umarmt Eva überschwänglich und flüstert ihr ins Ohr: »Ich wünsche dir, meine Lieblingsmitbewohnerin, alles Gute zum Geburtstag, und alles, was du dir selber ...«

»Ja, ja«, unterbricht ihn Eva, »du immer mit deinen Übertreibungen – Lieblingsmitbewohnerin, pah, siehst du hier etwa noch eine außer mir? Aber danke, mein Lieber.« Sie kneift ihn liebevoll in die Wange. Dann betrachtet Eva den festlich gedeckten Tisch mit dem gelben Geschirr, dem Kaffee, den frischen Brötchen, der Quittenmarmelade, dem Honig, dem Bananensaft und einem großen Strauß gelber Narzissen. Das Beste aber ist eine Eierlikörtorte mit brennenden Kerzen. Eva holt tief Luft und pustet alle siebenundzwanzig auf einmal aus. Dann setzt sie sich an den Tisch.

»Und, hast du dir was gewünscht?«, fragt Markus, während er den Kaffee eingießt.

Eva nickt abwesend, denn ihr Blick fällt auf ein gelbes Päckchen.

»Ist das für mich?«, fragt sie und springt auf.

Markus hält Evas Hand fest. »Später, liebe Eva, später!«

Enttäuscht setzt sich Eva wieder. Nachdenklich kaut sie auf ihrem Brötchen herum und wirft immer wieder einen verstohlenen Blick auf das gelbe Päckchen. Um das Geburtstagskind abzulenken, reicht ihr Markus einen Umschlag.

Neugierig öffnet ihn Eva sofort. »Kinokarten? ›Sterne über Öland‹?«

Markus grinst.

»Du bist ein Schatz – wann gehen wir?«

»Heute Abend, dachte ich.«

Eva rollt mit den Augen, denn bis dahin dauert es noch sieben lange Stunden. Wie soll sie das nur aushalten?

Zwei Stunden vor Arbeitsbeginn am Montagmorgen wuselt Eva in dem kleinen Blumenladen hin und her. Ihre Idee ist einfach genial. Zwar hatte ihre Chefin daran gedacht, das Schaufenster mit den verschiedensten gelben Blumen zu dekorieren, aber den Verkaufsraum hatte sie völlig vergessen. Dadurch wirkte der Laden kahl und leer. Kein Wunder also, dass sogar die Stammkundschaft fernblieb.

Inzwischen zeigt die Uhr kurz vor neun. Eva sieht sich noch einmal um. Zufrieden mit ihrem Werk schließt sie pünktlich die Ladentür für den ersten Kunden auf. Ein junger Mann kommt hereingestürmt. Er betrachtet nur kurz die herrlichen Blumensträuße in den großen und kleinen Glasvasen auf dem Fußboden. Dann sieht er zu Eva und zeigt auf einen Strauß aus Sonnenblumen mit verschiedenartigen Gräsern.

»Diesen Freundschaftsstrauß möchte ich haben.«

»Gerne«, antwortet Eva freundlich und denkt, da war es eine gute Idee, die Blumen mit Schildchen zu bestücken für die unterschiedlichsten Anlässe.

So verkauft sie an dem 1. Tag der ›Gelben Woche‹ nicht nur Blumensträuße für Freundschaft, sondern auch für Geburtstage, für den Urlaub, zur bestandenen Fahrschulprüfung, und, und, und.

Die letzten Blumen verkauft sie an eine ältere Dame um die Achtzig. »Es ist ein Hochzeitsstrauß für meine Urenkelin«, sagt sie schmunzelnd. »Und gelb ist ihre Lieblingsfarbe.«

»Oh, da habe ich etwas für Sie«, meint Eva augenzwinkernd zu der netten Dame.

Bevor diese dann das Geschäft mit einer wunderschönen Orchidee verlässt, dreht sie sich noch einmal zu Eva um und fragt lächelnd: »Und Kindchen, wann binden Sie Ihren eigenen Brautstrauß?«

Weiter geht es im Buch. Beide Bücher erhalten Sie in gut gelisteten Buchläden, im BoD-Shop, bei Weltbild, Thalia, Amazon etc.

Auf den folgenden Seiten gebe ich Ihnen eine kleine Vorschau auf meinen Kurzroman: ›Glück allein macht nicht glücklich‹

Klappentext:

Charlotte ist enttäuscht von ihrem Freund. Aber hat Julian tatsächlich was mit seiner Sekretärin? Und dass er keine Kinder will, macht es nicht besser.

Während er wieder mal auf Dienstreise ist, verlässt ihn Lotte. Doch vorher sieht sie nach der Post. Sie entdeckt einen Briefumschlag mit der Aufschrift: ›an den Gewinner‹, steckt ihn ein, um ihn wenig später im Abfallbehälter des Zuges zu entsorgen. Als der Brief unerwartet wieder auftaucht, gibt das Lotte und ihrer besten Freundin Rätsel auf.

Stellen Sie sich vor, Ihnen passiert so etwas. Sie finden eines Tages zwischen Ihrer Post solch einen mysteriösen Brief. Sie wissen aber genau, bei keinem Gewinnspiel mitgemacht zu haben.

Was würden Sie mit dem Brief anstellen? Ihn auch wegwerfen, wie meine Protagonistin Charlotte?

Lesen Sie doch einfach diese amüsante Liebesgeschichte von Lotte und Julian. Dann erfahren Sie mehr.

Dieses Buch wird voraussichtlich 2021 in den Handel kommen und erscheint wieder im Selfpublishing bei BoD.

1

Eine schwere Entscheidung

Charlotte, von allen kurz ›Lotte‹ genannt, sieht sich ein letztes Mal in der kleinen Küche um. An einem weißen Kaffee-Pott mit dem Namen JULIAN bleibt ihr Blick hängen. Sie streckt die Hand aus und streicht mit den Fingern über die schwarzen Buchstaben. Dann schaut sie zur Wanduhr und zuckt zusammen. Gleich halb drei. In einer Stunde müsste Julian von seiner Reise zurück sein. Doch sie will ihm nicht begegnen – nie mehr will sie das! Zu sehr hat er sie verletzt.

Lotte hat sich vorgenommen, in Zukunft nur noch an sich zu denken. Um halb vier wird sie bereits im Zug nach Naumburg sitzen. Sie nimmt ihren grünen Blazer vom Garderobenhaken und zieht ihn über. Er passt wunderbar zu ihren beigefarbenen Jeans, die etwas eng geworden sind. Den Schlüssel in der linken und den Koffer samt Handtasche mit der rechten Hand fassend geht sie aus der Wohnung. Ohne sich noch einmal umzusehen, zieht sie die Tür ins Schloss.

Bevor Lotte jedoch für immer dieses Haus verlässt, in dem sie zwei Jahre so glücklich war, möchte sie noch nach der Post sehen. Sie setzt den Koffer ab und starrt auf das Namensschild ›Charlotte Dornbusch + Julian Bayer‹. Ein kurzes Zögern, dann murmelt sie:»Ach was soll's« und öffnet entschlossen den Briefkasten. Ein Papierstapel fällt ihr entgegen. Sie kann ihn gerade noch auffangen. Nur Werbung, denkt sie enttäuscht. Aber was hatte sie denn auch erwartet? Etwa den Liebesbrief einer eventuellen Freundin von Julian? Er doch nicht! Das dachte sie zumindest immer. Lottes Mund wird zu einem schmalen Strich, denn sie weiß es inzwischen besser. Mit Schwung entsorgt sie die Werbezettel in dem Schuhkarton, der für solche Zwecke hinter der Haustür steht. Ein gelber Brief rutscht heraus. Lotte bückt sich und steckt ihn achtlos in ihre Jackentasche. Dann verschließt sie den Briefkasten wieder und wirft den Schlüssel hinein. Den braucht sie nun nicht mehr.

Das Quietschen einer herannahenden Straßenbahn lässt Lotte aufhorchen. Sie schnappt sich ihr Gepäck und rennt Hals über Kopf zur Haustür hinaus. Mit wenigen Schritten erreicht sie die Haltestelle und kann in letzter Sekunde in die Bahn springen. Kaum drin fährt diese auch schon los. Lotte zieht es nach hinten und direkt auf den Schoß einer dicken Dame mit großem breitkrempigem Hut.

»Sachde, sachde«, flötet die Dame auf sächsisch und gibt der jungen Frau einen kleinen Schubs, so dass diese mit hochrotem Kopf knapp neben ihr landet. Jetzt kann Lotte unter der Hutkrempe ein rundes Gesicht mit roten wulstigen Lippen erkennen.

›Gruselig‹, durchfährt es sie, während sie versucht, wenigstens ein kleines Stück vom Sitzplatz zu ergattern. Lotte riskiert einen Seitenblick und denkt ›Die ist nicht nur breit, die macht sich auch noch breit.‹ Steif und stumm bleibt Lotte die zwei Haltestellen bis zum Neustädter Bahnhof nur auf einer Pobacke sitzen. Endlich hält die Bahn. Lotte atmet auf. Nichts wie raus hier, ist ihr einziger Gedanke.

Ängstlich schaut sie sich noch einmal um und ist froh, dass ihr die Dicke nicht folgt.

Lotte betritt die große Bahnhofshalle, stellt ihren Koffer neben sich ab und sieht sich um.

Bis zur Abfahrt des Zuges bleibt ihr eine halbe Stunde. Mit einem Mal verspürt sie Heißhunger auf Schokolade, wie so oft in letzter Zeit. Dabei mochte sie früher nichts Süßes.

Sie nimmt ihr Gepäck und steuert die nächste Confiserie an. Nun hat sie auch noch die Qual der Wahl. Für welche Sorte soll sie sich bloß entscheiden? Die Verkäuferin rollt schon mit den Augen, denn hinter der unentschlossenen Kundin hat sich bereits eine Schlange gebildet. Letztendlich kauft Lotte eine Nussschokolade. Sie meint augenzwinkernd zur Verkäuferin: »Schokolade gilt ja als Nervennahrung.« Und da Lottes Nerven zurzeit blank liegen, kann sie gar nicht genug von dem Zeug bekommen. Beim Verlassen des Ladens verstaut sie die Schokolade vorerst in ihrer Jackentasche. *Ich hätte gleich mehrere Tafeln kaufen sollen.* Unschlüssig bleibt sie stehen. An ihr hasten Reisende mit Rollkoffern, Rucksäcken und manche auch mit Kinderwagen vorbei. Ein Mann rempelt sie an, ohne sich zu entschuldigen. Solche Höflichkeiten sind heute sowieso aus der Mode gekommen, geht es Lotte durch den Sinn.

Schnell steuert sie auf eine leere Bank zu. Sie setzt sich. Ein erneuter Heißhunger auf Süßes überfällt sie. Sie will gerade die Schokolade aus ihrer Jackentasche ziehen, als sie auf ein kleines blondgelocktes Mädchen aufmerksam wird. Wo sind denn die Eltern, wundert sie sich. Ein Kind so allein auf einem so großen Bahnhof? Wie schnell kann das zwischen den vielen Menschen verloren gehen. Doch da bemerkt sie eine ältere Dame in eleganter Kleidung, die im Sturmschritt angelaufen kommt. Es entbehrt nicht einer gewissen Komik, als die Dame, vermutlich die Großmutter, sich im Kreis dreht und wieder und wieder aufgeregt ruft: »Emma, Emma, du sollst doch nicht immer weglaufen!«

Bei ihrer nächsten Drehung steht das Kind plötzlich vor der Oma und sieht sie mit den unschuldigsten Augen der Welt an. Lotte muss schmunzeln, doch unwillkürlich wird ihr Blick traurig. Sie sieht noch einmal zu dem Kind hinüber, das jetzt folgsam neben seiner Großmutter herläuft. Dann streicht sich Lotte verträumt eine Haarsträhne aus der Stirn, und vor ihrem geistigen Auge erscheint der 18. August vor circa sieben Wochen …

Die Sommersonne strahlte Lotte mitten ins Gesicht. Sie musste blinzeln. Deshalb zog sie die Gardine vor das Fenster. Sie mochte Sonnenschein, so war das nicht, aber zurzeit ging ihr ›Klärchen‹ mächtig auf den Geist. Eigentlich nervte sie alles. Nur warum? Das fragte sie sich immer wieder. Etwa, weil ihr morgens ständig übel war und sie sich das nicht erklären konnte? Auch war sie neuerdings nahe am Wasser gebaut. Bei jeder Kleinigkeit heulte sie los. Und heute bekam sie keinen einzigen Bissen herunter. Dabei hatte sich Julian solche Mühe mit dem Frühstück gegeben. Sogar Blumen hatte er besorgt. Sicher aus schlechtem Gewissen, vermutete Lotte, denn wieder musste sie alleine essen, wie schon so oft in letzter Zeit. Bis zum nächsten Abend war Julian in Zürich auf Dienstreise. Missmutig stocherte Lotte mit dem Löffel in ihrem Müsli aus Haferflocken, Banane, Kiwi, Apfel und Joghurt herum. Da überkam sie ein plötzlicher Würgereiz. Sie rannte ins Bad, hielt ihren Kopf über das Klobecken, aber es kam nichts. Zum Glück musste sie nicht erbrechen. Das kannte sie nämlich von ihrer Nachbarin, als die vor einem Jahr schwanger war. Allerdings kam bei ihr keine Schwangerschaft in Betracht …

Lotte streichelt gedankenverloren über ihren Bauch, schaut zur Bahnhofsuhr und versinkt erneut in Erinnerungen …

Aber dass ihr jeden Morgen schlecht war, gefiel ihr ganz und gar nicht. Mit Julian brauchte sie darüber nicht zu reden. Der würde das als allgemeines Frauenleiden abtun. Das wiederum war so typisch für ihn. Nur wenn es ihm mal nicht gut ging, brach gleich die ganze Welt zusammen. Erst neulich hatte sich Julian beim morgendlichen Aufstehen seine kleine Zehe am Bettpfosten gestoßen. Es war nichts zu sehen, aber er humpelte den ganzen Tag. Deshalb sprach sie über gewisse Dinge lieber mit Karin, ihrer besten Freundin. Leider wohnte diese nicht gleich um die Ecke, sondern in Naumburg. Und jedes Mal von Dresden nach Naumburg fahren, das ging einfach nicht. Schon aus beruflichen Gründen. Also blieb nur das Telefon. Tja, und Karin meinte ohne Umschweife:

»Du bist schwanger!«

Doch Lotte war sich ziemlich sicher, nicht schwanger zu sein. Sie hatte doch immer die Pille genommen. Zuletzt hatte sie mit Julian vor ungefähr zwei Monaten geschlafen. Ihnen fehlte einfach die Zeit für Gemeinsamkeiten, erst recht für Sex. Julian war von Berufswegen ständig unterwegs, mal in China, mal in Marokko. Er arbeitete in der Computerbranche. Ja und Lotte war als Journalistin auch tüchtig eingespannt. Und trotzdem – unmöglich wäre es nicht. Genau zu dem Zeitpunkt hatte sie nämlich eine Magenverstimmung. Vielleicht hatte das die Wirkung der Pille außer Kraft gesetzt? Man hörte ja immer von solchen Fällen,

188

und Karin vermutete genau das. Sie fragte auch gleich: »Hast du deine Regel schon?« – »Ja«, hatte Lotte spontan geantwortet. Und das stimmte zu dem Zeitpunkt auch. Schwanger durfte sie einfach nicht sein! Julian wollte keine Kinder. Sie dagegen schon ... wieder rannte Lotte ins Bad und beugte sich über das Klobecken. Und wieder blieb es nur beim Würgereiz. Erschöpft stützte sie sich mit beiden Händen auf das Waschbecken und betrachtete ihr Spiegelbild. Sah sie wirklich blass aus, oder kam es ihr nur so vor? Zum Glück war heute Samstag, da musste sie nicht arbeiten. Apropos Samstag? Lotte zog die Stirn in Falten. Was wollte Julian überhaupt übers Wochenende in Zürich, überlegte sie. Voriges Wochenende war er in Wien. Muss ich mir Gedanken machen, fragte sich die junge Frau mit einem Mal. Da klingelte ihr Handy. Lotte schaute auf das Display – wenn man vom Teufel spricht, dachte sie und hob ab.

»Hallo Schatz, hat dir mein Frühstück geschmeckt«, säuselte Julian in den Hörer. »Ich komme schon heute Nacht zurück. Du musst aber nicht aufbleiben, mein Schatz. Also bis später.« Schon hatte er aufgelegt. »Lotte schaute etwas perplex auf das Telefon, und fragte sich, warum er das Gespräch so schnell beendet hatte. Ihr war nämlich so, als hätte sie im Hintergrund eine Frauenstimme gehört.

»Vielleicht spielt mir auch meine Phantasie einen Streich«, sagte Lotte leise und räumte ihr Essen in den Kühlschrank. Nur von einem Stück trocknem Brot biss sie ab. Das hatte ihr früher schon bei Übelkeit geholfen ...

Lotte zuckt zusammen. Sie hebt den Kopf und horcht angespannt, aber sie hört nur noch: ...tung, Achtung, eine Durchsage ..., der Rest geht im Krach der Bahnhofshalle unter. Deshalb schaut sie rüber zur großen Anzeigentafel, auf der der Zug nach Naumburg angekündigt wird. Hurtig schnappt sie ihr Gepäck und begibt sich zum Gleis 5. Da fährt der Zug auch schon ein. Lotte wartet geduldig, bis einer der Wagen genau mit der Tür vor ihr stehen bleibt. Diese öffnet sich und viele Reisende steigen aus. Auch eine Menge Kinder sind darunter. Dabei ist es mitten in der Woche. Allerdings sind Herbstferien. Daran hätte Lotte beim Kauf der Fahrkarte denken sollen. Nun hat sie den Salat. Sie steigt ein, geht gleich nach rechts in das Abteil und schaut sich nach einem Sitzplatz um. An ihr drängeln Reisende vorbei. Sie bleibt stur stehen und hat Glück, denn genau vor ihrer Nase ist ein freier Platz. Hierfür braucht sie nicht mal eine Platzkarte. Lotte jubelt innerlich, als sie sich am Fenster niederlässt. Und schon setzt sich der Zug in Bewegung.

Sogleich meldet sich ihr Appetit auf Süßes. Automatisch greift sie in ihre Jackentasche. Doch statt der Schokolade zieht sie einen gelben Umschlag heraus.

Lotte stutzt, dann erinnert sie sich an diesen Brief. Ein merkwürdiges Gefühl beschleicht sie beim Betrachten des Umschlages. *Kein Absender. Was soll ich tun? Lesen oder wegwerfen? Quatsch!* Lotte schüttelt den Kopf, greift aber trotzdem zum Abfallbehälter und öffnet den Deckel. Schließlich siegt die Neugierde. Nun sieht sie sich den Brief genauer an und versucht, die sehr kleine Schrift in der oberen rechten Ecke zu entziffern – *an den Gewinner* oder heißt es *an die Gewinner*? Lotte kann es nicht erkennen.

Jetzt hält sie sich die winzige Zeile dicht vor ihr Gesicht. Es klappt nicht. Ärgerlich kneift sie die Augen zusammen und muss resigniert feststellen, dass Julian Recht hat. Wie oft hatte sie in letzter Zeit von ihm den Satz »Schatz, du brauchst eine Brille!« gehört. Lotte macht eine wegwerfende Handbewegung, als würde Julian vor ihr sitzen – pah, Brille, ich doch nicht.

Sie konzentriert sich erneut auf den Brief. Was zum Teufel bedeutet das Wort **Gewinner**? Sie ist sich ziemlich sicher, bei keinem Gewinnspiel mitgemacht zu haben. Oder etwa doch? Lotte wiegt den Kopf hin und her, dann schüttelt sie ihn. Nein! Natürlich nicht!

Inzwischen hält der Zug in Leipzig. Das Abteil leert sich. Es steigen neue Fahrgäste zu, die Lotte nicht weiter beachtet. Der Brief ist viel interessanter. Vorsichtig öffnet sie jetzt das Kuvert und riskiert einen Blick hinein. Ein Zettel. Sie zieht ihn mit spitzen Fingern heraus und staunt nicht schlecht, was darauf in Blockschrift geschrieben steht:

DER EMPFÄNGER DIESES BRIEFES HAT DAS GLÜCK GEWONNEN.
ER MUSS ES NUR SEHEN. ES LAUERT ÜBERALL.
EINZIGE BEDINGUNG: AUGEN AUF!

Scherzkeks, denkt Lotte. Augen auf – so ein Blödsinn. Als ob ich mit geschlossenen Augen durch die Welt laufen würde. Sie dreht den Zettel um, doch auf der Rückseite steht nichts.

Entschlossen fasst sie ein zweites Mal in den Umschlag ... und, siehe da, es ist noch eine Karte dabei. Auf der Vorderseite befindet sich ein vierblättriges Kleeblatt ... die Rückseite ist leer – nein, nicht ganz. ›FÜR NOTIZEN‹ erkennt sie oben in der linken Ecke.

»Pffft! Das ist wirklich ein Scherzkeks«, schimpft Lotte los und steckt verärgert Zettel und Karte in den Umschlag zurück, den sie dann energisch in den übervollen Abfallbehälter stopft.

Erledigt, denkt Lotte. Demonstrativ schaut sie aus dem Fenster, an dem Wald, Wiesen und Felder nur so vorbeifliegen. Sie lehnt sich mit geschlossenen Augen zurück und genießt die schnelle Bahnfahrt. Lotte ist froh, keinen Führerschein zu haben, so wie ihre Freundin. Karin liebt es, mit ihrem Auto durch die Landschaft zu flitzen. Lotte schmunzelt bei dem Gedanken. Mit einem Mal fühlt sie sich beobachtet.

Misstrauisch sieht sie ihr Gegenüber an. Doch der junge Mann scheint in sein Buch vertieft zu sein, und ein älteres Pärchen auf der anderen Seite des Abteils hält sich verliebt an den Händen. *So verliebt möchte ich im Alter auch noch sein.* Verstohlen wischt Lotte eine Träne von ihrer Wange. Eine Durchsage unterbricht ihre Grübeleien.

»Achtung, Achtung – wir nähern uns der Saalestadt Naumburg. Wir möchten uns von allen Reisenden, die hier aussteigen, verabschieden. Sie haben Anschluss zu ...«

Lotte hört nicht weiter hin, sondern macht sich fertig zum Aussteigen. Der Zug fährt pünktlich um achtzehn Uhr dreißig auf dem Hauptbahnhof ein und hält mit laut quietschenden Bremsen an.

Lotte betätigt den grünen Öffnungsknopf neben der Tür und verlässt als erste den Wagen. Nach ein paar Schritten bleibt sie stehen. Sie schaut sich suchend um. Reisende hasten rechts und links an ihr vorbei. Einige rempeln sie an. Daran gewöhnt sie sich langsam. Ein Mann schimpft, weil er sich mit einem riesigen Koffer an ihr vorbeidrängeln muss. Doch Lotte ist das egal, sie steht wie ein Fels in der Brandung. Ihre Freundin wollte sie doch abholen? Wo bleibt sie nur? Lotte stellt sich auf die Zehenspitzen, kann Karin aber zwischen den vielen Menschen nicht entdecken.

Da vernimmt sie dicht hinter sich eine Männerstimme – »junge Frau, haben Sie nicht etwas vergessen?« Sie will sich gerade umdrehen, als sie Karin sieht, die ihr fröhlich zuwinkt. Na endlich! Lotte eilt ihrer Freundin entgegen.

Karin wirft noch einen flüchtigen Blick in den Außenspiegel ihres Fiats, bevor sie den Blinker setzt und aus der viel zu engen Parklücke fährt. Fast hätte sie den vor ihr parkenden weißen Renault gerammt, aber nur fast. »Muss sich dieser Idiot so dicht vor mich stellen?«

Lotte, die die rasante Fahrweise ihrer Freundin kennt, fragt schmunzelnd: »Wie kommst du darauf, dass es ein Idiot war? Könnte doch auch eine Idiotin gewesen sein?«

Karin sieht sie mit blitzenden Augen an, während sie ihren verbeulten Fiat durch die Dunkelheit lenkt. »Weil ich diesen Fahrer kenne, deshalb! Und, als ich heute Morgen mein Auto hier abstellte, war vor mir noch alles frei.«

Lotte nickt nur und schaut grinsend aus dem Fenster. Sie fahren bereits an der Stadtbibliothek vorbei, in der Karin gleich nach ihrem Studium eine Stelle als Bibliothekarin bekam. Für sie als Leseratte der Traumberuf.

»Warum brennt noch Licht in eurer Bibliothek?«, fragt Lotte erstaunt.

»Das ist nur die Reinigungsfirma«, bekommt sie zur Antwort.

»Aha«, macht Lotte nur. Sie schaut weiter zum Fenster raus. Karin, die ihr Fahrzeug durch die belebten Straßen Naumburgs lenkt und das immer noch im rasanten Tempo, überlegt, was sie ihrer Freundin zu Essen anbieten kann.

»Willst du Punkte für Flensburg sammeln?«, unterbricht Lotte die Gedanken ihrer Freundin.

»Davon hab ich schon einige«, gibt Karin gelassen zurück, doch plötzlich fragt sie:

»Hast du Hunger Süße, wollen wir bei ›Bauers Stuben‹ anhalten?« Sie wird langsamer.

»Oder hältst du es bis zu mir nach Hause aus? Ich schiebe uns gerne eine Pizza in den Ofen.«

»Pizza klingt gut. So wie in alten Zeiten«, antwortet Lotte kichernd, »dann aber eine Pizza-Hawaii mit ganz viel Ananas.«

»Seit wann liebst du es süß, aber schon okay.« Karin gibt wieder Gas. Fünf Minuten später parkt sie ihr Auto in der Jägerstraße. Hier wohnt sie in einem alten Mehrfamilienhaus. Karin nimmt Lottes Gepäck aus dem Kofferraum und reicht es ihr. Dann schließt sie das Auto ab, um mit einer großen Papiertüte im Arm die Straße zu überqueren.

Sie betritt vor Lotte den Altbau, in dem sie im Parterre eine kleine Zweizimmerwohnung hat. Kaum drin stellt Karin die Tüte mit den frischen Lebensmitteln auf den Küchentisch. Als nächstes schaltet sie das Radio an. »Ohne Musik geht nichts bei mir, aber das weißt du ja«, sagt sie lachend zu Lotte, die mit dem rechten Fuß die Wohnungstür schließt und ihr Gepäck in die Ecke dahinter abstellt. »Ich weiß, vor allem zum Kochen brauchst du Musik«, bestätigt Lotte, während sie im Bad verschwindet, um sich die Hände zu waschen.

Zwanzig Minuten später sitzen die Freundinnen Pizza kauend auf dem Sofa und Lotte erzählt unter Tränen, warum sie Julian niemals wiedersehen will. Dabei war er doch mal ihre große Liebe. Jedenfalls dachte sie das. Bis, ja, bis er sie mit seiner Sekretärin betrogen hat, wenn er es auch bis heute abstreitet. Lotte erzählt und erzählt. Auch von dem mysteriösen Brief berichtet sie. Karin hört ihrer Freundin zu, ohne sie zu unterbrechen. Sie ist schon immer eine gute und geduldige Zuhörerin gewesen, was man von Lotte nicht behaupten kann. Vielleicht sind sie gerade deshalb so unzertrennlich? Nach einer halben Stunde Heulattacke liegt ein Berg zerknüllter Tempotaschentücher neben Lotte auf der Couch. Sie lehnt ihren Kopf an Karins Schulter und schluchzt herzzerreißend. Da klingelt es an der Wohnungstür.

♥

Als Fabian seinen Renault startet, sieht er gerade noch die Rücklichter des davonbrausenden Fiats. Während er diesem folgt, muss er unwillkürlich an die junge Frau aus dem Zug denken. Er könnte schwören, sie schon mal gesehen zu haben, aber wo? Kurz vor der Kreuzung schaltet die Ampel auf Rot. »Mist! Jetzt habe ich sie verloren«, murmelt Fabian. Er schielt zu dem gelben Brief auf dem Beifahrersitz. Weshalb hat sie ihn in den Abfall gesteckt, wundert sich Fabian, als es Grün wird. Er braucht noch hundert Meter, dann kann er nach links in die Jägerstraße einbiegen. Die Frau aus dem Zug beschäftigt ihn immer noch. Sie muss ihn doch gehört haben. Er hat doch laut genug gerufen. Plötzlich war sie wie vom Erdboden verschluckt, denkt Fabian kopfschüttelnd. In dem Moment sieht er den roten Fiat. Grinsend stellt er sich dicht hinter Karins Fahrzeug. Er beeilt sich, auszusteigen, drückt auf die Automatik seines Schlüssels und sieht sich suchend um. Aber nirgends eine Spur von der Fahrerin. War er wirklich so langsam? Schulterzuckend dreht er sich um und läuft zu seinem Haus. Bevor er die Haustür aufschließt, wendet er sich noch mal um und bemerkt, wie im gegenüberliegenden Haus hinter Karins Fenster

Bleiben Sie n e u g i e r i g !

Z i t a t e von Elfride Stehle

Auch damit beschäftigt sich die Autorin und lässt Sie gerne an ihren ersten Versuchen teilhaben. Ein ganzes Buch wird es noch nicht, deshalb nur diese Kostprobe.

»Lyrik lässt Gefühle schwingen.«

»Wenn Worte anklopfen, lass sie herein.«

»Wenn man das Glück vorübergehen lässt, kann
man es nicht mehr einholen …«

»Fehler sind nicht dazu da, gemacht zu werden –
Und wenn doch: aus ihnen zu lernen.«

»Angst ist ein schlechter Berater für die Liebe,
ein schlechter Berater überhaupt.«

»Das Leben ist zu kurz – drum denk nicht drüber
nach, sondern lebe!«

»Erkenntnis: Selbstgeschriebenes einfach nur zu
verschenken sollte man sich gut überlegen.«

»Sie sagt, was sie denkt –
er denkt, ohne was zu sagen.«

»Er glaubt, recht zu haben,
sie weiß, dass sie recht hat.«

»Es kommt nicht darauf an, wie viele Seiten ein
Buch hat. Es kommt auf die richtigen Seiten an.«

»Macht es Sinn zu schreiben?‹,
wird gefragt die Dichterin.
›Man sollte es nicht übertreiben,
nur dann macht Schreiben Sinn!‹«

»Angst und das Pendant Verharmlosung
sind gleichermaßen gefährlich!«

»Frage nicht nach Sonnenschein.
Freu dich einfach, wenn sie scheint.«

»Halte fest dein Glück,
sobald es fällt in deinen Schoß.
sei es noch so klein,
lass es nie mehr los!«

»Auch wenn du das große Glück verloren glaubst,
überall warten viele kleine Glücksmomente.«

»Wenn wir nicht so wär'n, wie wir sind
wären wir anders!
Und wenn wir anders wär'n,
wären wir nicht so, wie wir sind!
Deshalb bleiben wir so, wie wir sind.
Wir lassen uns nicht verbiegen!«

»Gut gemeinte Ehrlichkeit kann einem
jämmerlich auf die Füße fallen!«

Inhalt

Ein paar Worte am Anfang 7

Urlaub am Strand 8

Windelhose im Wind... 9

Ein Blick übern Gartenzaun 10

Als wäre er aus Gold 11

Auf gute Nachbarschaft.. 14

Hoffnungsschimmer 16

Der graue Läufer... 18

Himmlische Verwandlung... 20

Einmal Vollmond und zurück 31

Der Mann im Mond 35

Reif fürs Museum 36

Sehnst du dich nach Urlaub wieder? 40

Man wird ja wohl noch träumen dürfen................................. 41

Weißt Du noch? 46

So viel Heimlichkeit.. 47

Fröhliche Weihnachten 49

Wenn beste Freundinnen unter sich sind............................... 50

Liebe beste Freundin 53

Ein Brief an mich selbst.. 54

Die Bahn macht mobil.. 56

Meine Reise.. 59

Hasenbraten mal anders.. 60

Ein Hauch von Lavendel... 66

Lavendelhochzeit 70

Weihnachtsmann-Papa 71

Das Fest der Liebe 73

Nächtliches Fußballspiel 74

Ein wahrer Engel 76

Komm mit in meine Apotheke 79

Blumento-Pferde 85

Mein Traumurlaub 88

Eine ungewöhnliche Begegnung 96

Wolf im Schafspelz 99

Bitte sprich mit mir! 100

Aber die Uhr läuft weiter 102

Das schönste Geschenk 106

Emily und die Sonnenblume 120

Corona erreicht Deutschland 122

Bunte Ostern 123

Mit einem Mal ist alles anders 124

Bleib zu Hause! 129

Weitere Corona Gedichte 130

Es ist kein Spiel 131

Corona kann mich mal 132

Mit etwas Glück 133

Nach Corona ist vor Corona 134

Green Moon 135

Ein Schmetterling im Winter 146

Nie wieder Lotto 148

Des Unsinns Sinn 150

Momente 152

Zwei Geheimnisse sind eins zu viel 154

Was ist Erfolg? 163

Veröffentlichungen..166

Leseproben 167

Zitate von Elfride Stehle..195

Ein paar Worte zum Schluss 203

Ein paar Worte zum Schluss

Ich freue mich, liebe Leserinnen und liebe Leser, dass Sie mich durch mein Buch begleitet haben. Es hat mir wieder großen Spaß gemacht, die Geschichten für Sie aufzuschreiben. Manchmal werde ich gefragt, woher ich meine Ideen für all diese Geschichten hole. Dann antworte ich: »Gedanken fliegen mir zu, daraus schöpfe ich meine Ideen.«

Bei Lesungen erzähle ich immer etwas zur Entstehung der Geschichten, denn, wenn sie nicht total erfunden wurden, haben sie immer einen wahren Hintergrund.

Besuchen Sie doch einfach mal eine meiner Lesungen. Und wenn es Ihnen nicht möglich sein sollte, dafür nach Bautzen zu kommen, meine Bücher können Sie überall erwerben. Aber Sie können die Bücher auch in der Bibliothek Ihrer Stadt ausleihen. Nur so als Tipp.

Danke noch einmal, dass Sie dieses Buch erworben haben. Vielleicht lesen wir uns mal wieder? Ich würde mich freuen.

Ihre Elfride Stehle

Gewidmet all jenen, die Geschichten und Gedichte lieben so wie ich –

Ganz besonders aber meinem Eckhard, unseren Kindern, Schwiegerkindern, Enkeln und was noch so kommen mag ...